I0153313

LES FRANÇAIS
EN GUYANE

9ᵉ Série.

Passage d'un rapide en Guyane.

COLLECTION PICARD

BIBLIOTHÈQUE COLONIALE ET DE VOYAGES

LES FRANÇAIS
EN GUYANE

PAR

Jules GROS

ANCIEN SECRÉTAIRE DE LA SOCIÉTÉ DE GÉOGRAPHIE COMMERCIALE

Illustrations par P. Hercouët et Bassan

SEPTIÈME ÉDITION

PARIS
Librairie d'Éducation nationale
ALCIDE PICARD, ÉDITEUR
18 ET 20, RUE SOUFFLOT

OUVRAGE ADOPTÉ

PAR LE MINISTÈRE DE L'INSTRUCTION PUBLIQUE

POUR LES BIBLIOTHÈQUES SCOLAIRES

PAR LE MINISTÈRE DE LA MARINE POUR LES BIBLIOTHÈQUES

DE LA MARINE

ET PAR LA VILLE DE PARIS POUR LES BIBLIOTHÈQUES MUNICIPALES

ET LES DISTRIBUTIONS DE PRIX

PRÉFACE

———

Mon cher Gros,

Vous m'avez demandé l'autorisation de vous servir des divers articles que j'ai publiés dans les Revues scientifiques pour la confection de votre ouvrage sur *les Français en Guyane*.

Vous m'avez mis à contribution, je vous en remercie.

Ce n'est pas seulement un plaisir pour moi, mais encore un honneur, que de m'être vu utilisé et vulgarisé par le vétéran des publicistes coloniaux.

Laissez-moi encore et vous remercier et vous féliciter de la passion patriotique avec laquelle vous avez traité ce noble et grand sujet de Guyane.

La Guyane française, l'ancienne France équinoxiale, le pays actuel de l'or et des bois précieux, méritait pour une utile présentation une vieille plume loyale, savante, probe et enthousiaste comme la vôtre.

Ah! sans doute, un jour l'attention de la France sera dirigée du côté de cet antique territoire national, si merveilleusement riche, si admirablement situé, si fécond, n'en doutons pas, dans un avenir prochain en heureuses surprises de tout genre.

La Guyane française, dans ses limites officielles actuelles peut nourrir quinze millions d'hommes ; d'ici cent ans, son commerce pourrait s'élever à plusieurs milliards; le paupérisme métropolitain trouverait dans cette terre calomniée un de ses principaux déversoirs.

J'ai dit calomniée. Oui, on l'a calomniée, notre chère Guyane française. Sans doute, elle a dans son passé, et même encore dans son présent, des choses qui attristent notre cœur de patriote. Cependant ces ignorants détracteurs n'insistent que sur un seul point : la Guyane française; disent-ils, est le tombeau des Français. Hélas ! cher et vénéré confrère, que ne disent point les voyageurs et les savants en chambre ? Le même aphorisme nous a été servi à propos de l'Algérie, il y a cinquante ans. Et aujourd'hui nous voyons tous clairement que l'Algérie constitue un des plus beaux titres de gloire de notre France du dix-neuvième siècle.

Et encore, dans notre Guyane, il ne s'agit point d'expéditions armées. Il ne s'agit que d'y lutter contre divers adversaires, dont un seul, injustement d'ailleurs, a été mis en relief : le climat.

Eh bien ! ce climat tant calomnié est assurément bien meilleur pour l'Européen, vous le savez, on le saura, que la plupart des autres climats coloniaux, — la mortalité en fait foi, — ceux des Antilles, du Sénégal, de Madagascar, de l'Indo-Chine. En s'y soumettant aux saines conditions économiques, en y observant l'hygiène appropriée, l'émigrant français y vit et s'acclimate.

Et moi-même, récemment arrivé de la Guyane littorale et des déserts intérieurs, après avoir passé cinquante-deux mois, dont vingt-six en mission scientifique entre Cayenne et les Andes, peu vieilli, je n'ai plus à cette heure, qu'une seule ardeur : l'enthousiasme du retour dans ces séduisantes régions de la France équinoxiale.

Mon cher Gros, merci et félicitations. Vous voulez bien combattre avec moi le bon combat, apprenez à nos lecteurs que la France n'est pas seulement entre les Pyrénées et le Rhin. La France d'outre France est une des grandes espérances de l'avenir national.

A vous toujours dans cette noble lutte pour l'extériorisation.

Votre fraternellement dévoué,

Henri A. COUDREAU.

Paris, 1er février 1887.

LES FRANÇAIS
EN GUYANE

I.

GÉOGRAPHIE PHYSIQUE DES GUYANES.
LES ÉTABLISSEMENTS PÉNITENCIERS.

La Guyane proprement dite, ou plutôt les Guyanes, comprennent toutes les rives nord-est de l'Amérique du Sud et les pays enclavés entre l'Orénoque et la rivière des Amazones.

Ce vaste territoire, environné par l'Orénoque d'une part, le Cassiquiare, qui met ce fleuve en communication avec le Rio Negro, affluent de l'Amazone, forme une île de 225 lieues du nord au sud, sur 325 lieues de l'est à l'ouest. Il est sillonné par un millier de rivières qui le coupent dans tous les sens.

Situées au nord de l'équateur, les Guyanes jouissent d'une température fort chaude que rafraîchissent pourtant d'immenses forêts. Les jours y sont sensiblement égaux aux nuits. La plus grande variation dans les levers et les couchers du soleil est de 40 minutes. On y compte deux saisons, l'une sèche, l'autre pluvieuse.

Les principaux cours d'eau qui arrosent cette vaste région et se rendent directement à la mer sont l'Orénoque au nord, le Rio Essequibo, le Surinam, le Maroni, la Mana, le Sinnamary, l'Orapu, le Matarouni, l'Approuague, l'Oyapock, l'Ouassa, le Cachipour, le Counani, le Carsevenne, le Mapa-Grande, l'Araguary et l'Amazone qui forme la limite sud des Guyanes.

Les montagnes des Guyanes sont encore peu définies, car elles se trouvent généralement assez loin dans les terres et ont été peu ou pas du tout explorées.

Les Guyanes se divisent, en partant du nord, en Guyane vénézuelienne, Guyane anglaise, Guyane hollandaise, Guyane française et Guyane indépendante.

C'est de la Guyane française que nous allons d'abord nous occuper spécialement, puis nous dirons un mot de la Guyane indépendante, qu'on a appelée longtemps les territoires contestés, parce que la France et le Brésil s'en disputaient la possession. Aujourd'hui les habitants de ce pays se sont déclarés indépendants et sont en train de fonder une république.

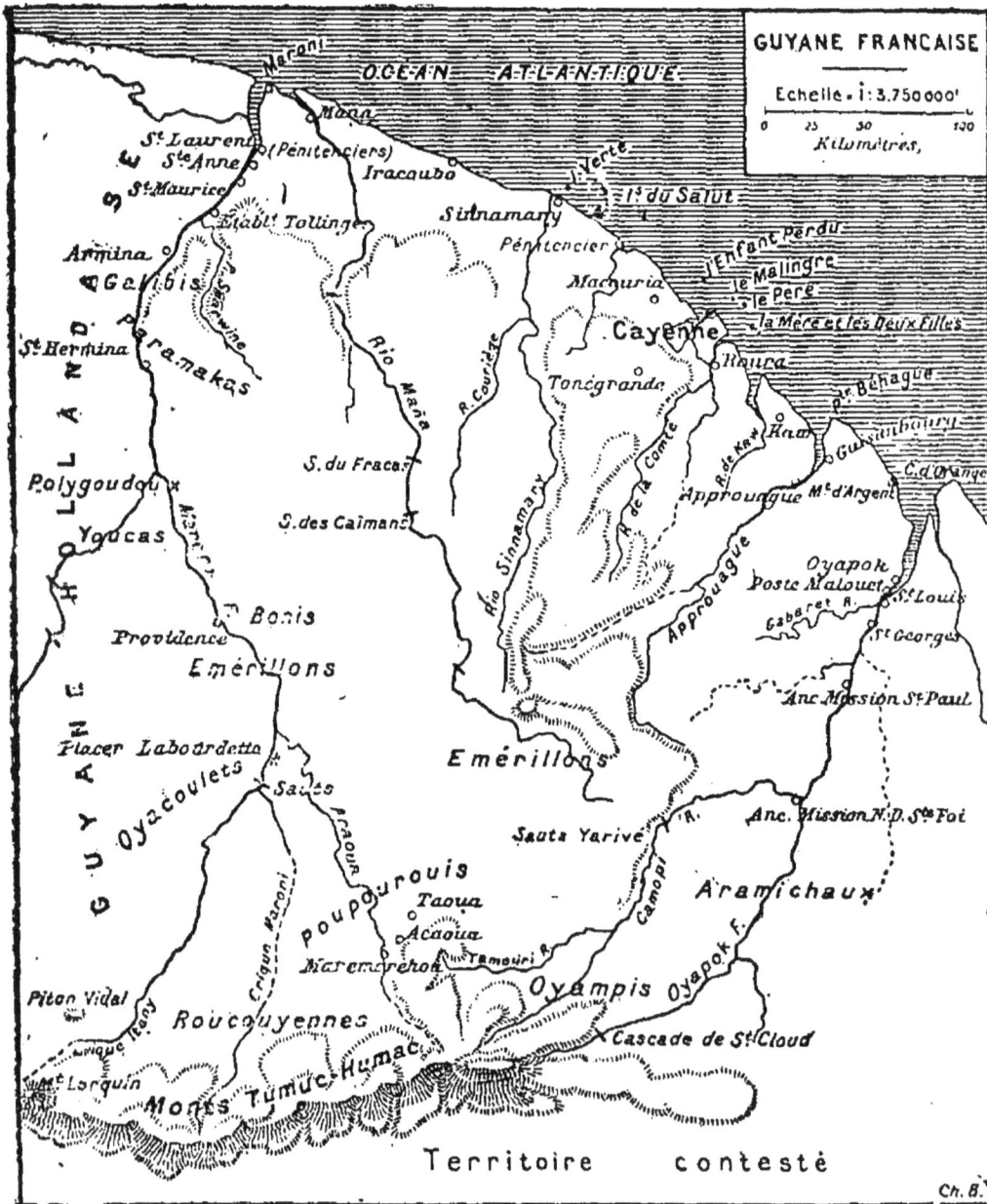

GUYANE FRANCAISE

Echelle 1 : 3.750.000'

La Guyane française est comprise entre le Maroni

au nord, qui la sépare de la Guyane hollandaise, l'Oyapock au sud, qui la sépare de la Guyane indépendante, l'Océan à l'est. Quant à l'ouest, sa limite est tout à fait indéterminée.

Le territoire de la Guyane se divise en terres hautes et en terres basses. Les terres hautes commencent aux points où se rencontrent les premières chutes des rivières. Les terres basses vont de ces points jusqu'à la mer.

Les terres basses, composées de terres d'alluvion, sont tantôt des terres sèches susceptibles d'être cultivées, tantôt des terres noyées appelées savanes, et couvertes généralement de marais. Cette partie découverte de la Guyane est la seule qui soit bien connue.

Quand on s'éloigne de la côte d'une trentaine de kilomètres, en moyenne, on rencontre la région de la forêt vierge qui s'étend au loin dans l'intérieur et qui, jusqu'ici, a été à peu près infranchissable. Les habitants nomment cette portion du territoire le *Grand-bois*.

Le regretté docteur Crevaux, l'explorateur de la Guyane, qui a été massacré plus tard par les Indiens Tobas du Grand-Chaco, sur les rives du fleuve Pilcomayo, peint en ces termes la forêt vierge.

« La Guyane, dit-il, est recouverte d'une immense forêt qui généralement n'est interrompue que par des cours d'eau et de rares éclaircies dans les endroits où le sol n'est pas assez fertile pour nourrir des arbres...

» Peu de personnes se font une idée exacte de la forêt équatoriale. Les dessinateurs et les romanciers ont habitué le public à voir dans ces forêts des palmiers sans nombre, des arbres aux formes bizarres, recouverts de parasites et entremêlés de lianes courant de branche en branche comme des cordages aux mâts d'un navire.

» Cette description n'est guère vraie que pour les petites îles de la côte des Guyanes et pour les bords des rivières près de leur embouchure.

» La forêt vierge se présente sous un aspect froid et sévère. Mille colonnades, ayant de trente-cinq à quarante mètres de haut, s'élèvent au-dessus de vos têtes pour supporter un massif de verdure, qui intercepte presque complètement les rayons du soleil. A vos pieds vous ne voyez pas un brin d'herbe, à peine quelques arbres grêles et élancés, pressés d'atteindre la hauteur de leurs voisins pour partager l'air et la lumière qui leur manquent.

» Souvent ces colonnades, trop faibles pour résister aux tempêtes, sont soutenues par des espèces d'arcs-boutants ou béquilles, comparables à celles des monuments gothiques et qu'on désigne sous le nom *d'arcabas*.

» Sur le sol, à part quelques fougères et d'autres plantes sans fleurs, gisent des feuilles et des branches mortes recouvertes de moisissures. L'air manque. « *On y sent la fièvre!* » me disait un de mes compagnons. La vie paraît avoir quitté la terre pour se transporter dans les hauteurs, sur le massif de verdure qui forme le dôme de cette immense cathédrale.

» C'est à cette hauteur de quarante mètres que l'on voit courir les singes; c'est de là que partent les chants de milliers d'oiseaux aux plumages les plus riches et les plus variés.

» Au niveau des cours d'eau, la végétation perd de sa sévérité pour gagner en élégance et en pittoresque. Ici le soleil est le privilège des plus grands arbres, qui s'élancent au-devant de lui, mais les plus petits trouvent aussi leur part de chaleur et de lumière. Les herbes, les arbrisseaux, prenant tout leur développement, sont couverts de fleurs et de fruits aux couleurs éclatantes. Le hideux champignon, l'obscure fougère font place à des plantes aux feuilles riches en couleurs, aux fleurs élégantes. Des lianes s'élèvent du sol jusqu'au sommet des plus grands arbres, en prenant des points d'appui sur les arbrisseaux qu'elles rencontrent. Ce sont des traits d'union entre les grands et les petits. La lumière, également partagée, engendre l'harmonie, non seulement dans le règne végétal, mais encore dans le règne animal. Là-bas c'est la bête fauve et le hideux crapaud; ici ce sont les animaux de toute espèce qui viennent partager, tous ensemble, les bienfaits de la nature (1). »

M. Henri Coudreau qui, lui aussi, a parcouru les Guyanes et pénétré dans l'intérieur, avec une mission scientifique officielle, parle en ces termes de l'aspect général de notre colonie.

« La Guyane française, dit-il, est une immense forêt bordée du côté de la mer par une vaste bande de terres alluvionnaires, large le plus souvent de 15 à 20 kilomètres. Son étendue incontestée dépasse 120 000 kilomètres carrés. Sa population totale est tout au plus de 25 000 habitants, et aujourd'hui, c'est à peine si on trouve, sur la côte et aux environs, quelques défrichements et quelques bandes de savanes plus ou moins entretenues.

» Presque partout règne la forêt vierge. Mais cette forêt, qui n'attend que la main de l'homme, est prodigue sous les Tropiques. La Guyane peut aisément devenir un des plus riches pays du globe

(1) *Voyages dans l'Amérique du Sud,* par le docteur J. Crevaux. Paris, Hachette.

Passage d'une chute.

où abonderont les exploitations forestières, pasto-
rales, agricoles et minières. Comme l'a dit si jus-
tement Saint-Amant: « Si la Guyane, au » lieu
» d'être une vieille terre, était une découverte·
» moderne, on s'y précipiterait avec fureur. »
D'ailleurs, cette vieille terre est aujourd'hui encore
aussi peu connue qu'au jour où Pinçon la découvrit (1). »

Les fleuves qui traversent la forêt vierge et qui·
arrosent la Guyane coulent tous à peu près parallèlement et se dirigent perpendiculairement vers la.
mer. Un grand nombre de petites rivières nommées·
criques les relient entre eux. Nous avons déjà cité·
les noms des principaux de ces cours d'eau dont le·
plus important est le Maroni, qui sépare la Guyane·
française de la Guyane hollandaise. Plusieurs auteurs le comparent au Rhin.

Ce vaste cours d'eau n'a pas moins de 12 à
1500 mètres de large jusqu'à vingt lieues de son
embouchure. Comme tous les fleuves de la Guyane·
française, le Maroni n'est navigable pour les ba-
teaux à vapeur que jusqu'à une quinzaine de
lieues de son embouchure. En ce point, les cours
d'eau sont encombrés de roches qui forment des
rapides ou des chutes infranchissables.

(1) H. Coudreau, *la Guyane française*. Challamel, éditeur
à Paris.

« Les sauts, dit M. Vidal, établissent une série de bassins dont ils constituent eux-mêmes les digues de retenue. Le courant, d'une rapidité vertigineuse dans les sauts, est faible et quelquefois presque nul entre deux de ces obstacles. C'est grâce à ce régime tout à fait spécial aux rivières de la Guyane que le Maroni peut retenir ses eaux malgré la pente sensible et disproportionnelle qu'offre le profil de son lit (1). »

Dans son excellent ouvrage *Nos Grandes Colonies* (2), M. Fernand Hue décrit ainsi l'embouchure du Maroni :

« Vers son embouchure, dit-il, le Maroni reçoit plusieurs petites criques, qui ne sont, à proprement parler, que des bras de fleuve, formant des îles de palétuviers noyées à la haute mer; ce n'est guère qu'à une vingtaine de milles que le sol se raffermit et permet la culture sans nécessiter un travail de drainage et de desséchement.

» En venant du large, la montagne *Gros-bois* et la *Pointe française* servent à reconnaître l'entrée du fleuve. Outre ces deux points très remarquables sur la côte, on a placé deux phares, celui de *Galibi* sur la rive hollandaise et celui des *Haltes* sur le

---

(1) Vidal, *Voyage d'exploration dans le Haut-Maroni (Revue Maritime et Coloniale*, 1862).

(2) Lecène et Oudin, éditeurs à Paris.

Embouchnre du Maroni.

territoire français. Deux grosses bouées, mouillées entre deux bancs très dangereux, indiquent le chenal.

» En remontant le cours du fleuve, on rencontre d'abord le village des Haltes, puis le pénitencier de Saint-Laurent. Viennent ensuite l'ancien pénitencier de Saint-Louis et le chantier forestier de Sparvine, autrefois exploité pour le compte du gouvernement par les transportés et maintenant concédé à une société privée.

» Entre Saint-Laurent et la crique Sparvine se trouve l'île Portal ou de Bar, admirablement cultivée : on y voit des plantations de café, de canne à sucre, et des prairies artificielles pour l'élève du bétail. Cette exploitation est l'œuvre de trois Français, trois frères, qui sont fixés là depuis vingt ans. Notons encore l'habitation Lalanne, également à Sparvine, et l'habitation Tollinche, située un peu plus haut. Autour de la demeure de M. Tollinche s'élèvent quelques misérables carbets servant d'asile à des Indiens Gallibis qui vivent du commerce des *boîtes de fer-blanc* (boîtes de conserves), qu'ils vendent aux ouvriers remontant les criques pour gagner les placers. Quelques milles après Sparvine, on rencontre le premier saut du Maroni, le saut Hermina (1). »

(1) *Nos Grandes Colonies*, par M. Fernand Hue.

Nous emprunterons encore au même auteur (on n'emprunte qu'aux riches) la description du fleuve Oyapock qui sépare la Guyane française des pays indépendants et qui est, après le Maroni, le fleuve le plus important de la colonie.

« Comme le Maroni, l'Oyapock est fermé par une infinité de criques qui descendent des monts Tumuc-Humac et se réunissent à quelques lieues de leurs sources. Son cours est de 496 kilomètres en comptant les détours. Malgré son peu de longueur, l'Oyapock a un débit d'eau bien plus considérable que le Rhône et la Loire. Le docteur Crevaux attribue ce phénomène à l'abondance des pluies et à l'imperméabilité du sol argileux qui constitue ses berges et son lit.

» Le fleuve débouche dans une vaste baie, large de 15 milles environ, dont les extrémités sont formées par le cap d'Orange et la montagne d'Argent. Cette dernière doit son nom à la grande quantité de *bois-canon* dont elle est couverte ; le feuillage blanc de cet arbre, agité par la brise, ressemble, surtout aux premières lueurs du jour, à des lames d'argent. D'après une autre version, la montagne d'Argent tirerait son nom d'une mine que l'on prétend y être et que les Hollandais, du temps qu'ils s'étaient emparés de la colonie, avaient fait fouiller.

» Dans la baie de l'Oyapock s'élèvent trois îles : l'îlot Perroquet, l'îlot Biche et l'îlot Humina.

» En remontant le cours de l'Oyapock, on rencontre le petit village de Malouet sur le pays indépendant, puis la rivière Gabaret sur la rive gauche. On passe ensuite devant le pénitencier de Saint-Georges, abandonné depuis 1869 ; un peu plus haut, à un coude de la rivière, sur des roches cachées sous les eaux, a sombré, il y a vingt ans, le vapeur de guerre l'*Éridan*. Sa coque en tôle d'acier a fourni des pointes de flèches, des fers de lances et des harpons à tous les Indiens de la contrée. Quelques centaines de mètres plus loin s'élève l'île de Casfesoca, qui fut le théâtre d'un sombre drame où nous n'eûmes pas le beau rôle, mais que nous croyons cependant devoir raconter.

» Les Bonis, nègres évadés des possessions hollandaises, s'étaient fait, pendant la guerre qu'ils soutinrent contre leurs anciens maîtres, une terrible réputation de barbarie et de cruauté. Ils cherchaient à entrer en relations avec nous pour se procurer des produits européens ; quelques-uns même s'étaient établis non loin de l'île. Les colons, effrayés de ce voisinage, demandèrent au gouverneur la création d'un poste sur l'îlot pour les protéger contre les incursions probables des noirs. Le poste fut accordé.

» A quelque temps de là les Bonis vinrent avec leurs femmes proposer des échanges ; ils parlementèrent avec l'officier commandant la petite garnison, et, sur l'assurance formelle qu'ils ne couraient aucun risque, s'avancèrent en toute sécurité. Arrivés à quelques pas du fortin, ils furent accueillis par une grêle de balles. Ceux qui ne tombèrent pas à la première décharge tentèrent de gagner la rive du fleuve à la nage, mais ils furent tués avant d'avoir abordé. Pleins de confiance dans la parole d'un chef blanc, ces malheureux s'étaient laissé égorger sans tirer une flèche, sans donner un coup' de sabre.

» Non loin de là se trouve le premier saut, le saut des *Grandes-Roches*. Au milieu de cette cataracte en miniature, s'élève un îlot qui fut habité par un ancien soldat de Villars, blessé à Malplaquet. Il était plus que centenaire quand Malouet vint le visiter.

» Voici comment Malouet raconte son entrevue avec Jacques :

» A six lieues du poste d'Oyapock, je trouvai sur un îlot placé au milieu du fleuve, qui forme en cette partie une magnifique cascade, un soldat de Louis XIV, qui avait été blessé à la bataille de Malplaquet, et avait obtenu alors ses invalides. Il avait cent dix ans en 1777 et vivait depuis quarante ans dans ce désert. Il était aveugle et nu, assez droit, très ridé. La décrépitude était sur sa figure, mais point dans ses mouvements. Sa marche, le son de sa voix étaient d'un homme robuste. Une longue barbe le couvrait jusqu'à la ceinture. Deux vieilles négresses composaient sa société et le nourrissaient du produit de leur pêche et d'un petit jardin qu'elles travaillaient sur le bord du fleuve. C'est tout ce qui lui restait d'une plantation assez considérable et de plusieurs esclaves qui l'avaient successivement abandonné. Les gens qui m'accompagnaient l'avaient prévenu de ma visite, ce qui le, rendit heureux, car il m'était facile de pourvoir à ce que le bon vieillard ne manquât de rien, et il y avait vingt-cinq ans qu'il n'avait mangé de pain ni bu de vin. Il éprouva une sensation délicieuse du bon repas que je lui fis faire. Il me parla de la perruque noire de Louis XIV, qu'il appelait un beau et grand prince; de l'air martial du maréchal de Villars; de la contenance modeste du maréchal de Catinat; de la bonté de Fénelon, à la porte duquel il avait été en sentinelle à Cambrai. Il était venu à Cayenne en 1730. Il avait été économe chez les jésuites, qui étaient alors les seuls propriétaires opulents, et il était lui-même un homme aisé lorsqu'il s'établit à Oyapock. Je passai deux heures dans sa cabane, étonné, attendri du spectacle de cette ruine vivante..... Lorsque je fus pour le quitter, son visage vénérable se couvrit de larmes. Il me saisit par mon habit, et prenant ce ton de dignité qui va si bien à la vieillesse, il me dit : « Attendez », puis il se mit à genoux, pria Dieu, et m'imposant ses mains sur la tête, me donna sa bénédiction (1). »

Avant de le quitter, Malouet offrit au vieillard de le ramener à Cayenne, et d'y pourvoir à ses besoins d'une manière convenable. Qui le croirait! Cet homme refusa. Il était, disait-il, habitué au bruit de ces eaux, à l'exercice de la pêche, au spectacle de cette nature si riche et si imposante. Malouet n'insista plus.

» L'îlot habité jadis par Jacques Blaisonneau, est connu des Indiens sous le nom d'île d'Acajou. Quant au saut, il a pris le nom du vieux soldat et s'appelle *Jacques-Saut*.

» A partir des Grandes-Roches, les rives vont s'élevant sensiblement jusqu'à une hauteur de 150 à 200 mètres. Toujours en remontant, on atteint l'ancienne mission Saint-Paul, abandonnée au siècle dernier. Nulle trace de culture n'a subsisté ; la forêt a repris possession des terrains que les défrichements lui avaient enlevés ; une croix

(1) Malouet, *Mémoires sur les Colonies.*

vermoulue reste seule pour indiquer le passage de la civilisation.

» Quelques lieues plus haut, le Camopi débouche dans l'Oyapock. C'est vers cet endroit que l'on supposait, d'après Keymis, qu'habitait l'El-Dorado. »

Nous pensons que c'est ici le lieu de rappeler cette singulière légende qui a pesé d'un si grand poids dans les efforts que les différents peuples ont fait pour découvrir l'Amérique et pénétrer dans ce nouveau continent, offert à l'activité humaine.

L'Eldorado proprement dit est un pays qu'Orellana, lieutenant de Pizarre, prétend avoir découvert entre l'Amazone et l'Orénoque, sur l'Oyapock sans doute, et qui contenait, d'après lui, des quantités d'or incalculables.

Depuis longtemps déjà une fièvre d'or s'était emparée de l'Europe et tous les voyageurs du nouveau monde cherchaient le pays de l'or. Une page d'Orellana vint donner un corps à ce rêve et bientôt on conclut que c'est dans la Guyane que se trouvait le véritable Eldorado.

On s'accorde à reconnaître qu'après la chute des Incas, un jeune descendant de cette famille, recueillant toutes les richesses qu'il put réunir s'était enfoncé dans les terres et y avait fondé un puissant empire.

Bientôt on assigna une capitale, Manore, à cet empire sans doute imaginaire. Un Espagnol, Martinez, affirma y avoir résidé sept mois et y avoir constaté la présence de 7 000 ouvriers employés dans la seule rue des Orfèvres.

Rien de plus affirmatif que ce récit, appuyé sur une carte de la contrée et sur la présence de trois montagnes : l'une d'or, l'autre d'argent et la troisième de sel.

« Le somptueux palais de l'empereur était supporté par de magnifiques colonnes de porphyre et d'albâtre, symétriquement alignées et entourées de galeries construites de bois d'ébène et de cèdre incrustés de pierreries.

» Situé au centre d'une île verdoyante, et se réfléchissant dans un lac d'une transparence indescriptible, ce palais était construit en marbre d'une blancheur éclatante. Deux tours en gardaient l'entrée, appuyées chacune contre une colonne de vingt-cinq pieds de hauteur, dont les chapiteaux supportaient d'immenses lunes d'argent. Deux lions vivants étaient attachés aux fûts par des chaînes d'or massif.

» On pénétrait de là dans une grande cour quadrangulaire ornée de riches fontaines, avec des vasques d'argent, d'où l'eau jaillissait par quatre tuyaux d'or. Une petite porte de cuivre, incrustée dans le roc, cachait l'intérieur du palais, dont la richesse défiait toute description. Un vaste autel d'argent supportait un immense soleil d'or, devant lequel quatre lampes brûlaient perpétuellement.

» Le maître de toutes ces magnificences était appelé El-Dorado, le Doré, à cause de la splendeur inouïe de son costume. Son corps nu était, chaque matin, oint d'une gomme précieuse, puis enduit de poussière d'or jusqu'à ce qu'il présentât l'apparence d'une statue d'or. Ainsi que le fait sagement observer Oviedo, « comme cette sorte » de vêtement doit lui être fort incommode pour » dormir, le prince se lave le soir et se fait redo- » rer le matin, ce qui prouve que l'empire Eldo- » rado est absolument riche en mines d'or. »

» Il est probable que cette fable tirait son origine des rites particuliers du culte de Bochica, le grand-prêtre de cette secte ayant l'habitude de se graisser les mains et de les saupoudrer ensuite de poussière d'or, ou bien encore d'une autre coutume relatée par Humboldt.

» Cet illustre voyageur rapporte que, dans les parties les plus sauvages de la Guyane, où la pratique de la *peinture* est substituée à celle du *tatouage*, les Indiens oignent leur corps de graisse de tortue, puis le couvrent de morceaux de mica, dont l'éclat métallique, d'un blanc aussi brillant

que celui de l'argent et d'un rouge aussi vif que
celui du cuivre, semble les habiller d'un vêtement
brodé d'or et d'argent. »

Quel fond de vérité présentent ces fables diverses ? « Il serait aussi difficile qu'imprudent de se
prononcer d'une façon formelle. Certes, l'imagina-
tion des voyageurs a considérablement grossi les faits
qu'ils ont pu entrevoir, mais rien n'a encore dé-
montré que cette légende du pays de l'or ne soit
pas basée sur des découvertes sérieuses que l'état
encore si peu connu de ces vastes contrées n'a
pas encore permis de retrouver et de vérifier. »

Depuis l'embouchure du Camopi, en remontant
l'Oyapock, le fleuve va se rétrécissant, jusqu'à ce
qu'il se divise en un grand nombre de ruisseaux
descendant des Tumuc-Humac.

Les côtes de la Guyane française proprement
dite, s'étendant sur une longueur d'environ 500
kilomètres, sont très plates et, nous l'avons dit,
forment généralement une surface vaseuse et
molle. Presque tout le long de ces côtes on trouve
de bons mouillages, mais la seule rade où les navires soient en sûreté est située à l'embouchure de
la rivière de Cayenne, entre la partie occidentale
de l'île et la côte de Macouria.

La ville de Cayenne, capitale de la Guyane
française, est située au bord de la mer, à la pointe

Vue de Cayenne.

nord-ouest d'une petite île qu'un canal étroit sépare du continent, sur la rive droite du fleuve qui, comme l'île, porte aussi son nom. On ne peut l'apercevoir du large.

Ce n'est qu'après avoir gagné un peu de chemin qu'on distingue, sur un second plan et au milieu d'une grande savane, de longues files de maisons tirées au cordeau, tandis que sur le premier plan se dresse un fort en terre, flanqué de mauvais remparts.

Sa position au centre du littoral de la colonie et son importance commerciale en ont fait naturellement le siège du gouvernement colonial.

La ville est dominée par un monticule, le mont Cépirou, berceau de la colonie, fortifié par son premier gouverneur, M. de Brétigny. Son port et sa rade, sorte de bras de mer formé par un coude du fleuve, peuvent recevoir sans danger des navires de 500 tonneaux avec un tirant d'eau de $4^m,25$.

Une jetée neuve s'avance dans la rade et rend le débarquement facile, quelles que soient l'heure et la hauteur de la marée.

Cayenne possède une Cour d'appel et une Cour d'assises, un Tribunal de première instance et une Justice de paix. En 1851, elle a été dotée d'un évêché.

La ville est bornée au sud par le canal Laussat,

large d'environ 13 mètres, et qui aboutit à la mer, et à l'est par la crique Montabo, qui la sépare de la partie nommée quartier de l'île de Cayenne.

Cayenne et sa banlieue occupent une superficie de 234 hectares. Sa population n'excède pas 8 000 habitants. Elle est divisée en deux parties, la ville vieille et la ville neuve. La première est commandée par le fort, qui la défend du côté de la mer. La seconde, plus importante, est composée de rues régulières, se coupant à angle droit.

Ce que les visiteurs y remarquent en arrivant, c'est le coup d'œil pittoresque qu'elle présente vue de la rade. Des bouquets de palmiers et de cocotiers, qui forment sur le ciel clair leur tache d'un vert foncé, forment un admirable fond à ce paysage ; les palétuviers de la rive et les rideaux verdoyants des hauteurs lui dessinent un cadre ravissant.

Les deux parties de la ville sont séparées entre elles par une vaste place plantée de beaux orangers.

Les maisons, qui n'ont qu'un étage, sont dépourvues de vitres, et les appartements ne sont protégés contre les intempéries et le soleil que par de vastes galeries où l'air circule librement et entretient une fraîcheur bienfaisante.

Une eau claire et limpide descendant des hauteurs coule abondamment dans les rues et alimente les habitations.

La place de l'Esplanade, ou place des Palmistes, constitue à coup sûr une des curiosités les plus remarquables de Cayenne. C'est un immense quinconce composé de près de cinq cents palmiers géants, qui s'élancent dans le ciel comme des tuyaux d'orgues et offrent, jusqu'à quarante mètres de hauteur, des troncs dénudés, que couronne l'élégant panache des feuilles.

Citons aussi, parmi les curiosités de la ville, la place d'Armes, où se trouvent le palais du gouverneur et une fort belle fontaine, dédiée au colonel de Montravel.

Quand nous aurons encore désigné l'église, le palais de justice, la mairie, un vaste hospice militaire, nous aurons terminé la nomenclature des monuments.

La population qui circule dans les rues offre un aspect aussi varié que pittoresque. On y rencontre les soldats coiffés du casque blanc de l'Indo-Chine, les créoles vêtus de blanc, les négresses et les mulâtresses coiffées de couleurs voyantes, et quelquefois les Indiens qui se drapent dans leur dignité.

Du temps de d'Orbigny, l'esclavage régnait encore à Cayenne ; là les esclaves marchaient moins

couverts encore que dans nos colonies des Antilles.
Les hommes ne portaient qu'un *langouti* ou *ca-limbé*, à peine suffisant pour protéger la décence ;
les femmes allaient la poitrine nue, avec une simple jupe attachée au milieu des reins.

Aujourd'hui, les noirs de Cayenne sont des citoyens et s'habillent à l'européenne : la mode et la morale y ont gagné.

Pour terminer cet exposé, peut-être un peu trop aridement géographique, mais que nous considérions comme indispensable, nous citerons les dix communes rurales qui, en dehors de Cayenne, constituent, depuis le 15 octobre 1877, la division administrative de la Guyane.

Ce sont : Oyapock, Kaw-Approuague, Boura, île de Cayenne, Tonnegrande-Montsinéry, Makouria, Kourou, Sinnamary-Iracoubo et Mana.

Toutes ces localités sont des villages peu considérables, dont la population est rarement supérieure à un millier d'habitants. La Mana en est la plus importante et la plus étendue.

Parlons enfin des colonies pénitentiaires qui, selon nous, ont été la cause principale jusqu'à présent de l'absence de développement de la colonie, qui n'a jamais répondu aux espérances de la métropole.

La déportation établie en France par la loi du

Habitants nègres et mulâtres de Cayenne.

25 septembre 1791, fut appliquée, par décret de la Convention du 1ᵉʳ avril 1795, contre les conventionnels Vadier, Barrère, Collot d'Herbois et Billaud-Varennes. Les deux derniers seuls furent transportés à la Guyane.

Collot d'Herbois mourut le 8 janvier 1796 à l'hôpital de Sinnamary ; quant à Billaud, après un long séjour en Guyane, il disparut, peut-être en s'évadant, peut-être en obtenant sa grâce.

Le Directoire, cruel et despotique, comme le sont ordinairement les gouvernements faibles, usa et abusa de la déportation. Cinq cent seize personnes et cinquante-trois députés furent condamnés à la déportation. Beaucoup réussirent à s'enfuir. Trois cent trente déportés seulement furent dirigés sur la Guyane et débarqués sans secours, presque sans vivres, aux embouchures du Sinnamary, du Kourou et du Coussamance. Le plus grand nombre périt misérablement.

Quand la colonie pénitentiaire de la Guyane fut définitivement établie par décret du 29 mars 1852, les déportés du coup d'État furent emmenés d'abord aux îles du Salut, qui sont au nombre de trois.

C'est dans ces îles que furent transportés non seulement les victimes de la guerre civile, mais encore plus de trois mille forçats de droit commun, autorisés, par décret du 27 mars 1852, à se faire diriger sur Cayenne.

Un autre décret, du 20 août 1853, autorisa la transportation à Cayenne de tous les forçats des colonies africaines ou asiatiques.

Enfin, une loi, promulguée le 30 mai 1854, a réglementé définitivement les pénitenciers coloniaux.

Outre l'établissement central pénitentiaire des îles du Salut, au Kourou et à l'embouchure du fleuve, on a établi un pénitencier important ; un autre existe sur la crique Madelon : c'est le pénitencier des Roches.

Depuis 1858, le Maroni est devenu le centre de la déportation de Cayenne.

A 20 kilomètres de l'embouchure du fleuve, se trouvent les établissements de Saint-Laurent et de Saint-Louis, dans le voisinage desquels sont des usines et des exploitations diverses :

«A Cayenne même, dit M. V.-A. Malte-Brun dans la *France illustrée* (1), il y a un atelier pénitencier qui rend des services importants. Il est composé par les condamnés qui ont donné des garanties de repentir. En attendant un établissement plus complet, leur nombre est de 1048. Ils sont gardés

(1) Rouff, éditeur, à Paris.

par 51 surveillants et 9 hommes d'infanterie de marine.

» Quelques libérés sont placés en ville sous caution et sont employés par les colons comme travailleurs et hommes de peine.

» L'effectif de ces colonies pénitentiaires, qui paraissent répondre jusqu'à présent à la sage pensée de régénération sociale de l'homme par la moralisation et le travail, était, en 1878, de 2853 transportés, dont l'état sanitaire était satisfaisant. »

Il va sans dire que nous laissons au savant M. Malte-Brun toute responsabilité sur son appréciation optimiste de la déportation et de la transportation dans les colonies.

C'est la loi du 30 mai 1854, déjà citée, qui a réglementé les établissements pénitentiaires. Cette loi supprime les travaux forcés pour les individus âgés de plus de 60 ans. L'article VI décide que tout condamné à moins de huit années résidera dans la colonie, après sa libération, un temps égal à la durée de sa peine. Enfin, toute condamnation de huit années et au-dessus oblige le transporté à séjourner toute sa vie dans la colonie où il subit sa peine.

Nous aurons dit sur la déportation et la transportation tout ce qui nous semble devoir intéresser nos lecteurs quand nous aurons emprunté à M. Hue, déjà cité, le résumé suivant de l'histoire de la déportation en Guyane (1).

« Dès le début de 1852, on était prêt à recevoir les transportés ; ils arrivaient aux îles du Salut le 2 mars. Comme les convois devaient se succéder à intervalles rapprochés, on se hâta, pour éviter l'encombrement, de créer d'autres établissements.

» En octobre 1852, 320 condamnés étaient installés à la Montagne-d'Argent ; six mois plus tard, 105 individus avaient succombé aux fièvres paludéennes.

» Au mois d'avril 1853, on établissait 250 transportés à Saint-Georges, sur la rive gauche de l'Oyapock, près du confluent du Gabaret ; on voulait créer là une sucrerie d'après les plans laissés par Malouet. Un an s'était à peine écoulé que l'on comptait 102 décès. Les Français évacuèrent Saint-Georges ; ils y furent remplacés par des noirs transportés qui restèrent jusqu'en 1863, époque où cette station fut complètement abandonnée.

» En 1854 et 1855, on fondait successivement Sainte-Marie, Saint-Augustin et Saint-Philippe sur les bords de la Comté, puis les chantiers de Kou-

(1) *Nos Grandes Colonies.*

rou, Bourda, Badue, Montjoly, Saint-Louis et Saint-Laurent du Maroni.

» A l'exception de Saint-Laurent, on dut, en raison de la mortalité, évacuer tous ces pénitenciers; les trois pontons, la *Chimère,* le *Grondeur* et la *Proserpine*, ancrés dans la rade de Cayenne, furent remplacés par une caserne dominant la mer, exposée aux vents alizés et attenant aux jardins militaires à l'ouest de Cayenne.

» Cependant, en présence de l'insalubrité des établissements fondés par l'autorité supérieure, il fallut prendre des mesures pour éviter l'encombrement du pénitencier ; aussi, en 1867, on décida que les condamnés arabes seraient seuls désormais dirigés sur la Guyane, et on désigna la Nouvelle-Calédonie comme lieu de transportation pour les autres condamnés.

» Les trois îlots du Salut, situés à neuf lieues au N.-O. de Cayenne et à trois lieues en face de l'embouchure du Kourou, sont l'île Royale, l'île du Diable et l'île Saint-Joseph.

» L'île Royale est le siège du commandement; là sont les forçats proprement dits ; les récidivistes sont internés dans l'île Saint-Joseph. Autrefois, l'île du Diable était réservée aux détenus politiques.

» Le sol de l'île Royale, assez élevé au-dessus des flots, est rocailleux, accidenté et recouvert d'une couche de terre végétale très mince. Quand l'administration en prit possession, elle le fit déboiser complètement ; sur sa surface restreinte, on édifia de nombreuses constructions : église, baraques pour les condamnés, maison du commandant et des surveillants, magasins, ateliers ; dans la partie inférieure de l'île, on installa un quai, un dépôt de charbon et des ateliers pour la réparation des navires de l'État.

» Quand tous ces travaux furent terminés, il ne resta plus de place pour le cimetière. C'est donc l'Océan qui est le cimetière des transportés.

» Quand un détenu meurt, son corps, cousu dans une toile à voile lestée avec quelques pierres, est déposé dans un cercueil, le même pour tous, il n'y en a qu'un. La cloche de la petite église tinte le glas funèbre et une embarcation vient sur la plage prendre la bière qu'elle conduit au large ; arrivé à une certaine distance, le cadavre est retiré et jeté à la mer. A peine a-t-il disparu sous les flots que d'énormes requins, qui ne manquent jamais de suivre la barque, s'en emparent, se l'arrachent et se disputent ses lambeaux. On prétend, aux îles, que les requins connaissent le son de la cloche et accourent à son premier appel.

» Sur les îles, les transportés travaillent aux routes, déchargent les navires qui approvisionnent le dépôt de charbon de l'État ; ils sont menuisiers, charrons, forgerons. Leur costume se compose d'un pantalon et d'une chemise de toile grise, ils sont coiffés d'un énorme chapeau de paille.

» Sur l'îlot la Mère est installé l'hôpital ; c'est là que sont internés les transportés vieux ou infirmes qui ont gagné leurs invalides.

» Le pénitencier agricole de Saint-Laurent est situé sur la rive droite du Maroni, à 18 milles de son embouchure ; l'amiral Baudin choisit cet endroit pour y fonder un établissement destiné à l'augmentation des produits de la colonie et surtout à · la *réhabilitation du condamné par la famille et par le travail.*

» Commencés aussitôt, les travaux d'installation étaient terminés à la fin de 1858. Dans un laps de temps aussi court, on n'avait pu faire que du provisoire ; depuis, on a donné aux constructions un caractère définitif, et, instruits par l'expérience, les chefs ont pu diriger les colons dans le choix de cultures productives.

» On a réuni les concessionnaires par groupes de 20 ; à chacun on a fourni un terrain, des outils pour édifier sa demeure, des instruments pour cultiver son champ. Chaque propriété rurale a 100 mètres de large sur 200 de profondeur ; les maisons font face à la route qui divise en deux parties la concession totale d'un groupe. Le plan des habitations a été fourni par l'État ; elles sont disposées de façon à ne jamais se faire vis-à-vis.-

» Aujourd'hui le pénitencier de Saint-Laurent comprend une centaine de maisons, une église, un hôpital, une justice de paix, deux écoles pouvant recevoir 100 élèves, deux casernes, un abattoir et de vastes magasins.

» Au confluent de la crique Saint-Laurent et du Maroni, s'élève une briqueterie.

» Citons encore une bouverie ou ménagerie contenant quelques têtes de gros bétail, une scierie mécanique et enfin l'usine à sucre de Saint-Maurice.

» Des routes de 20 mètres de large sillonnent le pénitencier et se développent sur une longueur de 50 kilomètres. Elles ont été faites par les concessionnaires riverains.

» Comme on le voit, le pénitencier possède tous les éléments matériels nécessaires à la vie.

» Une loi récemment votée vient de désigner la Guyane comme lieu de transportation pour les récidivistes ; cette loi n'a pas encore reçu de commencement d'exécution.

» Peut-on parler de bagnes et de pénitenciers sans évoquer aussitôt l'idée d'évasion. En effet, les évasions sont nombreuses. Elles se font simplement : le condamné trouve moyen de franchir le Maroni,

Vue du pénitencier de Saint-Laurent sur la rive droite du Maroni.

aborde sur le rive hollandaise et le voilà sauvé. Cependant les histoires d'évasions curieuses ne manquent pas à la Guyane, depuis celle de ce forçat qui tenta de s'enfuir en transformant en chaloupe le cercueil qui sert à porter les cadavres des condamnés dans l'Océan, jusqu'à celle du fameux Gâtebourse qui fut, dit-on, enlisé dans une tourbière et dévoré vivant par les araignées-crabes.

» Nous ne raconterons qu'un fait de ce genre, connu à Cayenne sous le nom d'histoire des *forçats anthropophages.*

» Huit forçats s'évadèrent du pénitencier de la Comté le 16 décembre 1855 et six autres le 29 du même mois.

» La première bande, remontant le cours de la Comté, s'avança dans l'intérieur. Brisés par plusieurs jours de marche forcée, par les privations de toutes sortes, deux des fugitifs étaient restés en arrière, se demandant s'il ne valait pas mieux rentrer au pénitencier et subir le châtiment habituel, que de persister dans une tentative rendue impraticable par le manque de provisions.

» Ils en étaient là de leurs réflexions, quand un des hommes de l'avant-garde apparut haletant, épouvanté, et leur annonça que trois des évadés venaient d'assassiner un de leurs compagnons ; il avait vu égorger ce malheureux, le dépecer ; les lambeaux saignants de la victime avaient été triés, les uns pour être mangés, les autres pour être enfouis.

» Après ce récit, il demanda à ses auditeurs terrifiés de se joindre à lui et de faire cause commune contre les cannibales. Mais quand ces monstres arrivèrent, telle était l'influence qu'ils exerçaient sur leurs compagnons, que ceux-ci, non seulement les aidèrent dans leurs préparatifs, mais encore prirent part à l'épouvantable festin.

» La nuit ils s'enfuirent ; deux d'entre eux parvinrent au pénitencier pour raconter le fait dont ils avaient été témoins ; le troisième disparut, on ne sut jamais ce qu'il était devenu.

» Les six évadés du 29 décembre, trouvant la piste de la première bande, se mirent à sa recherche et la rejoignirent le 4 janvier 1856, près des sources de la Comté. A leur tête se trouvait un nommé Raisséguier, qui remplissait au pénitencier l'office de bourreau, homme d'une énergie et d'une vigueur peu communes ; ses compagnons étaient deux Français et trois Arabes.

» Aussitôt réunis, les hommes de la première bande proposèrent à Raisséguier de s'entendre avec eux pour tuer et manger les trois Arabes. A cette proposition, l'ancien justicier bondit d'indignation et déclara que, loin de prêter son concours à une action aussi monstrueuse, il défendrait ses camarades au péril de sa vie.

» Malheureusement les deux Français goûtaient fort l'horrible proposition de leurs nouveaux compagnons et la mort de Raisséguier fut décidée d'un commun accord.

» A dix heures du soir, pendant son sommeil, il est attaqué, reçoit un coup de couteau à la gorge, un coup de sabre à la tête et un coup de bâton lui brise le bras.

» Réunissant tout ce qui lui reste de force, il renverse les assassins qui l'étreignent et prend la fuite.

» La nuit était noire ; Raisséguier, courant droit devant lui, roule au fond d'un ravin profond, cette chute le dérobe aux recherches des ennemis lancés à sa poursuite.

» Le lendemain, à l'aube. il se traîne au bord de la rivière et voit s'avancer dans le courant un de ces amas flottants d'arbres, de branches et de lianes que les cours d'eau conduisent périodiquement à l'Océan. S'aidant du bras resté valide, il se hisse sur un arbre à demi déraciné et de là se laisse choir sur le radeau qui, suivant sa route, le conduit dans la soirée à l'habitation Bellane.

» Là, on le ranime, on lui donne les premiers soins, puis on le ramène au pénitencier.

» Grâce aux indications de Raisséguier, les troupes envoyées à la poursuite des cannibales les arrêtèrent au moment où ils dévoraient un de leurs camarades. Ils avaient fait griller la langue, le foie, les chairs des deux jambes et des deux bras de leur victime.

» De ces quatorze évadés, deux ont été mangés et deux ont disparu. Les trois principaux coupables ont été exécutés au pénitencier de Sainte-Marie ; les autres ont été condamnés à diverses peines.

» Prenant en considération le courage et l'énergie dont Raisséguier avait fait preuve, l'administration lui fit remise de la peine qu'il avait encourue. »

II.

LA POPULATION. — CIVILISÉS ET SAUVAGES. —
CHASSE ET PÊCHE.

La population civilisée de la Guyane est extrêmement variée. Ses principaux éléments sont les
Européens, les noirs, les mulâtres, les Chinois, les
Hindous et quelques métis produits de femmes
indiennes et d'hommes blancs.

Les blancs, connus sous le nom spécial de
créoles, ont été amenés là généralement par les ca-
prices de la fortune ou par le désir de s'enrichir.
Les nègres sont les descendants des nègres esclaves enlevés sur les côtes d'Afrique par la traite.
Enfin les coolies chinois ou hindous sont des serviteurs recrutés soit en Chine, soit en Cochinchine,
soit dans l'Hindoustan, pour venir en aide à ceux
qui exploitent le sol ou les richesses naturelles de
la colonie.

Quiconque connaît les nègres sait combien cette
race est paresseuse et vaine. Quand, en 1848, sur

la proposition de M. Schœlcher, l'assemblée vota
l'affranchissement des noirs de nos colonies, et
leur passage subit de la situation d'esclaves à la
dignité de citoyens et d'électeurs, elle fit sans contredit un acte de haute humanité, mais en même
temps elle fit naître dans nos possessions d'outre-
mer les plus grands embarras.

Indolents et vaniteux, trouvant presque sans travail, sur le sol fertile de nos colonies, tout ce qui
était nécessaire à la vie matérielle, ils refusèrent
absolument de se livrer à aucun labeur et obligè-
rent ainsi les colons à chercher ailleurs des travailleurs.

On renonça tout d'abord à aller les recruter sur
la côte d'Afrique, car le monde entier aurait vu
dans cet acte la traite déguisée. Seuls les Anglais,
tout en faisant les protestations les plus vives
contre l'esclavage sous quelque forme qu'il se présente, ont continué à emmener dans leurs possessions des noirs, dont un grand nombre sont pris
par eux aux gens qui, en Afrique, font encore le
commerce des esclaves.

La France n'a pas cru devoir imiter cette allure
de sa rivale et a songé à remplacer les esclaves
affranchis de ses colonies par des coolies engagés
par des agences d'émigration.

La question de savoir si ce nouveau mode de

recrutement a remplacé suffisamment l'ancien, est encore très contestée. Suivant les uns, les coolies hindous ou chinois sont de bons travailleurs, doux et dociles, préférables aux nègres; selon d'autres, ces nouveaux serviteurs, recrutés dans de mauvaises conditions s'acclimatent mal et la mortalité est grande dans leurs rangs. Ces contempteurs des races asiatiques ajoutent que les coolies, comme travailleurs sont inférieurs aux gens de race noire.

Pour nous, sans nous prononcer sur les hommes d'origine hindoue, nous ferons nos réserves en ce qui concerne les Chinois qui, sur tous les points du globe, se sont toujours montrés résistants au travail, actifs, intelligents, soumis et d'une adaptation facile à tous les climats.

Aujourd'hui que notre influence dans l'Extrême-Orient va sans cesse grandissant, nous pourrions aisément nous moquer des entraves apportées par l'Angleterre dans le transport des coolies hindous en Guyane, sous le prétexte qu'on les emploie aux mines d'or et non aux travaux agricoles et nous pourrions recruter nous-mêmes autant d'auxiliaires qu'il nous plairait, soit dans les ports de la Chine, soit au Tonkin, soit dans l'Annam ou la Cochinchine.

La Guyane, en dehors des blancs, des noirs,

des mulâtres et des jaunes, contient une population aborigène dont la peau est rouge et quelques tribus noires indépendantes formées par d'anciens esclaves fugitifs, retournés à l'état sauvage.

Nous emprunterons au docteur Crevaux, qui les a visitées et qui a vécu plus ou moins de temps chez elles, quelques détails sur les principales de ces tribus (1).

Les *Gallibis* vivent dans la région basse située entre la Mana et le Sinnamary. Ces Indiens sont petits, ils ont les membres grêles, les pieds parallèles, les cheveux longs. L'absence de barbe, outre ces caractères, leur donne un aspect féminin.

Leur principale industrie est la fabrication de vases en terre qui ne manquent pas d'une certaine originalité. Ils les font de toute pièce, à la main, avec des argiles qu'ils trouvent sur la berge, sous une couche de sable. Leurs gargoulettes ont l'inconvénient d'être en partie vernissées, ce qui empêche l'eau de se refroidir par l'évaporation.

Les Gallibis se teignent en rouge. Ils ont pour tout vêtement un calimbé, un collier et deux pai-

(1) Lire : *Voyages dans l'Amérique du Sud*, par le docteur J. Crevaux. Hachette, éditeur à Paris.

Village d'Indiens Gallibis. — Gallibis fabriquant de la poterie.

res de jarretières l'une au–dessus, l'autre au–dessous du mollet.

Le calimbé n'est autre chose qu'une simple ceinture de toile ou d'autre matière.

Les *Roucouyennes* vivent au sud de la Guyane française sur les pentes des monts Tumuc-Humac et plus au sud dans l'Amazonie, entre le Yary et le Parou. Ce sont eux qui servirent de guides au docteur Crevaux et l'aidèrent à traverser la chaîne de montagnes boisées qui le séparait du bassin de l'Amazone. C'est chez eux aussi que plus tard l'explorateur Guigues et ses trois compagnons perdus dans la forêt vierge, sans ressources, sans vivres, sans munitions, trouvèrent une touchante hospitalité et purent continuer leurs prospections de chercheurs d'or.

Les Roucouyennes, comme les Gallibis et les autres tribus indiennes de la Guyane sont généralement de taille peu élevée, mais ils sont bien proportionnés, ce qui tend à les faire croire plus grands, surtout à première vue.

Il est difficile d'établir la couleur exacte de leur peau qu'ils teignent en rouge avec le roucou, ce qui leur a valu leur nom. L'idée la plus juste qu'on puisse en donner est de la comparer à celle d'un Européen fortement bronzé par le soleil.

Les enfants sont d'un blanc presque pur au

moment de leur naissance et nous tenons de plusieurs voyageurs l'affirmation que des Européens qui vivraient quelque temps nus parmi ces sauvages prendraient complètement leur couleur.

Le roucou, qui est employé en Europe pour la teinture des étoffes, provient de la pulpe qui entoure les petites graines d'un arbuste indigène de l'Amérique équatoriale. Les Indiens y ajoutent généralement un peu d'huile afin que la peinture dont ils s'enduisent le corps s'étende mieux et soit plus fixe. Cela leur permet de rester dans l'eau des heures entières, sans que la couche de couleur qui les couvre soit altérée.

Le roucou ne sert pas seulement d'ornement aux Indiens, il préserve leur peau de la piqûre des moustiques. D'ailleurs ajoutons que cette qualité n'est pas complètement démontrée, car le docteur Crevaux assure avoir vu des Roucouyennes souffrir de ces piqûres autant que lui-même.

Les jours de fête, les Indiens agrémentent leur peinture rouge de quelques arabesques noires. Ces dernières sont faites avec le suc qui découle du fruit de différentes espèces de génipa et qui est sans couleur, lorsqu'on ouvre le fruit, mais qui noircit au contact de l'air.

Jamais les Roucouyennes ne se mettent en voyage sans s'être fait teindre la veille du départ. Ils empor-

Famille d'Indiens Roucouyennes.

tent avec eux du roucou et du génipa dans de très petites calebasses qu'ils suspendent autour de leur cou en guise de colliers.

La peinture rouge déteint sur les objets dont ils se servent, leurs hamacs, faits d'un coton d'une blancheur remarquable, ne tardent pas, par l'usage, à devenir tout à fait rouges. Alcide d'Orbigny avait déjà fait, dans son beau voyage de 1826, une remarque analogue.

Les Indiens ont généralement les cheveux d'un noir très foncé. Cette chevelure n'est pas crépue comme dans la race nègre, mais elle est moins ondulée que chez les blancs. Ils se taillent un peu les cheveux sur l'avant de la tête et portent le reste d'une longueur démesurée. Les hommes et les femmes ont identiquement la même coiffure.

La barbe est très peu fournie. Ils ont du reste une médiocre estime pour cet ornement et ils ont bien soin de l'épiler, ainsi que leurs sourcils et même leurs cils au fur et à mesure de leur croissance.

Ils arrachent leurs cils, disent-ils, pour mieux voir. Leurs sourcils sont moins fournis que chez les blancs.

Les jeunes gens des deux sexes, loin de se serrer la taille, cherchent à la faire paraître plus grosse en s'entourant l'abdomen avec de grosses ceintures. Chez eux, une légère proéminence du ventre est considérée comme un trait de beauté.

Tous ces sauvages ont des médecins qu'ils appellent piays et qui ont, suivant eux, le pouvoir de conjurer les mauvais esprits.

Voici dans quels termes le docteur Crevaux décrit une médication pratiquée par un de ces sorciers qu'il appelle plaisamment son confrère :

« Mon nègre Apatou, ayant eu mal à la tête, le piay Pamakiki s'assit sur un hamac, en face du malade, puis se mit à regarder le ciel, pendant quelques instants, en ayant l'air de l'invoquer mentalement. C'était une prière lente qu'il adressait au diable pour qu'il fît cesser le mal de son client. Il pratiquait cette espèce d'exorcisme tout en fumant sa cigarette dont il rejetait la fumée par le nez avec autant d'élégance qu'un gamin de Paris. Puis plaçant sa cigarette entre le gros orteil et le deuxième doigt du pied, sans adresser à son malade aucune question sur le mal qu'il éprouvait, ainsi que cela se pratique chez nous, il se mit à souffler avec force sur le point douloureux. Prenant ensuite un éclat de roche très pointu, il fit cinq ou six incisions sur le front du patient et se mit à aspirer le sang avec sa bouche en guise de ventouse.

» Après cinq minutes de succion, les insuffla-

Un piay ou prêtre sorcier.

tions recommencèrent ; le piay ralluma sa cigarette qui s'était éteinte pendant l'opération, en envoya deux ou trois bouffées dans la bouche et les yeux du malade et se retira sans mot dire.

» Apatou, qui avait d'ailleurs plus de confiance dans les pratiques de ces espèces de sorciers que dans mes connaissances médicales, se trouva si bien rétabli, qu'il pût manger aussitôt après un coumarou qui ne pesait pas moins de trois livres.»

« Le poste de piay, dit d'Orbigny, est fort recherché parmi les Indiens, à cause de l'influence qu'il donne ; mais ni le talent ni l'audace ne poussent un homme à cette dignité. Elle est héréditaire ; elle passe du piay mort à son fils aîné, initié aux mystères de son ordre par une suite de cérémonies superstitieuses qui durent plusieurs semaines.

» Entre autres épreuves, il faut qu'il s'habitue à avaler le jus du tabac jusqu'à ce qu'il n'opère plus comme émétique. Il s'abstient même de manger, durant ce noviciat, de tout animal d'origine européenne ; mais une fois élu piay, il a droit aux prémices de toute espèce d'aliments. »

Les armes de ces Indiens sont la massue ou casse-tête en bois de fer, l'arc et les flèches, et des espèces de sarbacanes ou tubes de bambous à l'aide desquels ils lancent des flèches empoisonnées.

Ces flèches se taillent dans les éclats de bois

provenant de la première couche d'un arbre appelé cokarito. Elles ont un pied de long et sont un peu plus grosses qu'une aiguille à tricoter. L'une des deux extrémités est imprégnée, suivant Bancroft, d'un poison provenant de la racine du *woorali*; l'autre est entourée d'un petit morceau de coton adapté à la cavité du tuyau.

Les Indiens lancent jusqu'à une distance de cent pieds ce projectile dont la blessure est mortelle.

Le poison *woorali* est le plus actif de ceux qu'emploient ces tribus indiennes. Le voyageur Watertown en a donné la recette ; il se compose de la plante rampante du *woorali*, d'une racine amère, de deux plantes bulbeuses, de deux sortes de fourmis, l'une grande et noire, dont la morsure détermine la fièvre, l'autre rouge, qui pique comme une ortie, de poivre fort, enfin des crochets réduits en poudre des serpents *labarie* et *connacouché*.

Ces divers ingrédients sont pulvérisés et brûlés ensemble sur un feu lent, jusqu'à ce que la liqueur brunâtre ait pris la consistance d'un sirop épais.

Ce poison est infaillible. A peine a-t-il pénétré sous la peau, qu'il tue sans altérer la couleur du sang et sans vicier la chair.

Les habitations des Roucouyennes sont des carbets construits en une heure sur quatre pieux

Une danse chez les Roucouyennes.

fichés en terre. D'ordinaire ces cabanes sont ou-
vertes de tous les côtés.

Ces peuples, comme les Gallibis, vont presque
nus, avec un simple pagne, fait d'écorce d'arbre
ou de la fibre du coco. Les femmes ont quelquefois
une pièce d'étoffe carrée formée de fils de coton
et de *rassades*. On donne ce nom à de petits
grains ou perles de verre de diverses couleurs qui
entrent pour une bonne part dans le commerce
européen avec les nègres d'Afrique.

Dans les jours de fête, les Roucouyennes se
coiffent de chapeaux surmontés de plumes bril-
lantes, se dressant autour de leur tête et retenues
par un bandeau circulaire de deux pouces de largeur. Les femmes portent des garnitures de rassades au cou, aux bras, aux genoux et au-dessus
des chevilles.

La nourriture des Indiens des Guyanes se compose d'ignames, de plantains, de bananes, de racines de cassave et de manioc, de crabes, de poissons, de tortues d'eau et de terre, enfin d'iguanes
et d'autres lézards. Ils mangent aussi la chair du
singe qu'ils font bouillir avec du poivre de Cayenne,
ce qui, au dire de l'explorateur Guigues, qui se
pique de gastronomie, constitue un pot-au-feu sans
rival.

Si les Roucouyennes ne se servent généralement

pas de sel, ils connaissent le moyen de s'en procurer en brûlant certains palmiers appelés pinots et dont ils lessivent les cendres. Le résidu ainsi obtenu remplace le sel marin sans inconvénient.

Leur boisson ordinaire est une liqueur de manioc fermenté qui se fabrique de diverses manières, suivant les tribus.

« Les cuisinières roucouyennes, dit le docteur Crevaux, ne laissent généralement rien à désirer au point de vue de la propreté. Je ne leur reproche qu'un détail qui m'a choqué la première fois que je m'en suis aperçu. Pour empêcher le bouillon de s'échapper pendant l'ébullition, elles projettent de l'eau dans la marmite au moyen de la bouche. »

Lorsque le voyageur arrive dans une tribu d'Indiens, le premier soin de son hôte est de lui faire servir à manger. Sans mot dire, les femmes apportent des escabeaux, et l'étranger s'assied à côté du chef de la tribu pour manger, par exemple, le poisson froid qui est resté du dernier repas. Les Indiens ne connaissent pas les fourchettes, mais ils font de petites cuillers qu'ils taillent dans le fruit du calebassier. Ils ont soin de se laver les mains avant et après le repas. Pour s'essuyer les mains et la bouche, on trouve dans les cases une espèce de torchon fait avec une écorce qui se divise en lanières.

Famille de Bonis.

Les Roucoüyennes de l'Ytany et du Yary admettent un esprit du bien et un esprit du mal. Celui qui représente Dieu étant incapable de leur nuire, doit être laissé en repos. On se garde bien de lui adresser des prières de peur de l'irriter. L'esprit malin, qui représente le diable dans la religion des blancs, est seul l'objet de tout leur culte, c'est à lui qu'on fait des sacrifices et qu'on fait des libations afin d'apaiser son courroux.

Tribus sauvages noires. — Les principales tribus noires vivant à l'état sauvage sont : les *Bonis*, les *Youcas* ou *Bosch* (hommes des bois), les *Poligoudoux* et les *Paramakas*. Tous ont la même origine et par suite les mêmes mœurs et des coutumes peu différentes.

Les uns et les autres sont d'anciens soldats ou esclaves marrons échappés de la Guyane hollandaise.

Tous ces sauvages se ressemblent au physique et au moral. Ils ne se teignent pas la peau comme les indigènes de l'Amérique, mais ils se barbouillent le front avec une argile blanche lorsqu'ils font des invocations à leurs divinités.

Les hommes et les femmes se coiffent en forme de couronne avec leurs cheveux tressés ; quelquefois aussi leur chevelure prend une forme pyramidale ; pour cela, ils s'enduisent la tête d'un corps

gras, qui est ordinairement de l'huile de carapa.
Les hommes, qui ont peu de barbe, se rasent soigneusement avec des tessons de bouteilles ou des
couteaux qu'ils affilent de leur mieux. Leurs pei-
gnes sont en bois et fabriqués avec art.

Tous ces noirs ont des dents d'une blancheur
éclatante et ils en ont un grand soin. Leur état
sanitaire est généralement satisfaisant ; leurs maladies les plus fréquentes sont chez eux les maladies
de peau et les ulcères des membres inférieurs.

Quand ils reprirent la vie sauvage, ces nègres
ne tardèrent pas à réduire leur costume à la plus
simple expression. La plupart des femmes ne portent pour tout vêtement qu'un morceau d'étoffe de
dix centimètres carrés, suspendu, comme un linge
qu'on fait sécher, à une ficelle fixée autour de la
ceinture. Ce morceau d'étoffe s'appelle *couyou*.
Hommes et femmes, d'ailleurs, ont de nombreux
colliers et anneaux pour les chevilles et les poi-
gnets.

Ils vivent généralement sous des huttes carrées,
recouvertes de feuilles de palmier. La plupart de
ces habitations sont fermées de tous les côtés et
l'on n'y peut entrer que par une ouverture étroite
et très basse, fermée quelquefois par une porte
munie d'une serrure en bois.

On trouve généralement, à côté des maisons,

des calebasses coupées en deux et placées sur un trépied en bois, élevé à un mètre du sol. Ces calebasses contiennent des herbes cuites à l'eau, qui rappellent la soupe à l'oseille. Cette décoction possède toutes sortes de propriétés magiques et les jeunes filles en boivent pour se faire aimer.

Sur le seuil de la maison, on remarque un bâton auquel est suspendu un petit linge provenant du calimbé d'un des ancêtres. Ce chiffon, qu'ils arrosent fréquemment en manière de sacrifice, est chargé d'empêcher l'introduction des voleurs.

Les maisons qui constituent un village sont disposées en une circonférence plus ou moins régulière; l'espace libre qui se trouve au milieu sert de place publique. Les femmes y font sécher le riz et préparent les racines de manioc pour faire la cassave ou *cachiri*.

Le cachiri est une boisson qui se fait avec le manioc râpé, soumis à l'ébullition pendant sept ou huit heures et à la fermentation pendant deux jours. Tamisée, cette boisson est blanche comme du lait; elle a un petit goût aigre et agréable. C'est une liqueur, du reste, fort innocente et dont on peut boire plusieurs bouteilles sans accident fâcheux. Pour s'enivrer, les Indiens en absorbent des quantités énormes.

Aussi, quand une fête est annoncée, les femmes

sauvages, rouges ou noires, fabriquent-elles le cachiri par tonnes. Elles en remplissent tous les vases qu'elles peuvent avoir. Pour cent Indiens, il faut tenir en réserve la valeur de huit à dix barriques. Au jour indiqué, les conviés arrivent; pendant deux jours, ils dansent et ne boivent que de l'eau; puis on pêche et on chasse, et un grand repas a lieu, arrosé d'eau seulement; mais quand il est fini, commence l'orgie la plus dégoûtante que l'on puisse imaginer : couchés dans leurs hamacs, les hommes reçoivent le cachiri des mains des femmes. Là, il faut qu'ils s'enivrent, qu'ils boivent toujours, car l'usage ne veut pas qu'une goutte de cachiri reste dans les vases.

C'est sur la place circulaire des villages bonis que les anciens, assis sur des escabeaux, délibèrent gravement sur toutes les questions qui intéressent les tribus. Cette place est balayée tous les matins au lever du soleil. Les plus petits brins d'herbe sont soigneusement arrachés par les femmes, afin de débusquer les serpents, les araignées-crabes, les scorpions, enfin les milliers de bêtes venimeuses qui mettent à chaque instant la vie des enfants en péril.

La pêche et la chasse sont les occupations favorites de ces sauvages, comme des Indiens proprement dits. La pêche ne se fait guère que de deux

Pêche du coumarou.

façons. On prend les petits poissons avec des plantes enivrantes, telles que le conami, le sénapou et la liane du robinia nicou. Les deux premières sont cultivées dans les abatis, tandis que le nicou se récolte dans la forêt vierge, sur le bord des rivières.

On chasse plutôt qu'on ne pêche les gros poissons au moyen d'une flèche en roseau terminée par un harpon. Les principaux poissons qu'on se procure de cette façon sont le *coumarou*, l'*aymara* et le *comata*.

Le coumarou est un poisson qui se tient dans les eaux vives et limpides des sauts. Il pèse 3 à 4 livres; sa chair, blanche et ferme, est excellente, rôtie ou bouillie avec du piment. La partie la plus recherchée est celle qui est voisine de la tête ; les sujets les plus gras sont les plus estimés. Lorsque la pêche est abondante, on voit les Bonis ouvrir le ventre aux poissons et les rejeter aussitôt s'ils ne trouvent pas assez de graisse autour des intestins.

Le coumarou, très musclé, a une vivacité extraordinaire ; on l'attaque généralement au moment où il remonte le rapide. On le trouve en telle quantité dans certains sauts de l'Aoua et du Yary, qu'on peut en prendre deux ou trois dans l'espace de quelques minutes.

Le coumarou, atteint par une flèche munie d'un

harpon, continue sa course, mais il nage beaucoup moins vite, non seulement à cause de sa blessure, mais parce que le poids de la flèche tend à le renverser de côté. Lorsque ces poissons sont en grand nombre, les Bonis lancent quatre ou cinq harpons à la suite sans s'inquiéter du résultat de leurs coups. Ce n'est qu'après avoir épuisé tous leurs engins qu'ils se mettent à la poursuite dés poissons blessés.

En retirant le poisson de l'eau, il faut avoir soin de tenir un sabre d'abatis dans la main droite, afin d'assommer l'animal quand sa tête paraît à fleur d'eau.

La pêche du coumarou est une véritable passion, non seulement pour les noirs, mais pour tous les Indiens des Guyanes ; les nègres Bosch ne passent jamais un saut sans s'arrêter pendant des heures entières pour se livrer à cette occupation récréative.

L'aymara, plus gros que le coumarou, pèse 4 à 5 kilogrammes ; il présente une certaine analogie de formes avec la carpe de nos rivières. L'ami Guigues s'y est trompé, ainsi que nous le verrons plus loin. La chair tendre et grasse de ce poisson est meilleure bouillie avec du piment que rôtie. La meilleure partie est la queue. Ce poisson a l'inconvénient de se conserver très peu de temps par le boucanage. La graisse qui continue à suinter, même après cette opération, amène très rapidement la putréfaction.

L'aymara ne vit que dans les eaux calmes ; on le rencontre surtout près de l'embouchure des petites criques, où on le voit dormir sur la vase.

Pour le surprendre au gîte, il faut avoir soin de marcher très doucement avec une légère pirogue. On le tire au fusil, mais il est impossible de tirer un second coup sur un poisson manqué, car, en fuyant, il trouble tellement la vase, qu'il n'est plus visible.

L'aymara et le coumarou se nourrissent de graines, d'herbes, ainsi que de petits poissons.

Le comata, que les Roucouyennes appellent *alamichi*, est un poisson moins volumineux que le coumarou et remarquable par la conformation de sa bouche, qui est un véritable suçoir.

Cet animal aspire, avec cet organe, le limon qui se trouve sur les roches. C'est un véritable géophage ; on n'ouvre jamais ses entrailles sans les trouver remplies d'une grande quantité de boue. Il est probable que la terre dont il se nourrit contient en abondance des animaux et des plantes microscopiques.

Les noirs du Maroni ont pour la chasse une passion qui ne le cède en rien à celle qu'ils professent pour la pêche. Ils ne naviguent jamais sans avoir des chiens dans leurs embarcations. Quand ceux-ci, apercevant ou flairant un gibier sur la berge, donnent de la voix, les canotiers abordent au plus vite et poursuivent le gibier pendant des heures entières.

Les Bonis ont un grand luxe de chiens et font tous les ans des voyages de plus de cent lieues pour se les procurer chez les Roucouyennes de l'Itany et du Yary.

Les armes dont ils se servent pour la chasse sont, outre les flèches, quelques mauvais fusils qu'ils échangent dans le bas du fleuve.

Les gibiers principaux sont, parmi les mammifères : le tapir, le paca, le cabiaï, l'agouti, le singe rouge, le couata, le macaque, l'aï ou paresseux, et le tigre ; parmi les oiseaux : le hoco, la maraille, le paracoi, le canard sauvage, l'ara, le toucan ; parmi les sauriens et les reptiles : l'iguane, le caïman, le boa et autres serpents.

Nous allons rapidement passer en revue ces divers animaux.

Mammifères. — *Tapir*. — Ce pachyderme, très commun dans les Guyanes, est connu par les noirs de la côte sous le nom de *maïpouri*, tandis que tous les Indiens, Émérillons, Roucouyennes, Gallibis, l'appellent tapir.

De la grosseur d'un petit cheval, il a beaucoup

de ressemblance avec l'éléphant. Il a le dos très large, les.jambes courtes, le nez terminé par une espèce de trompe. Cet organe, qui se raccourcit à volonté, sert au toucher et non à la préhension : le tapir prend les objets avec ses dents.

Tapir.

Durant ses voyages, le docteur Crevaux a trouvé très souvent des empreintes de cet animal, et aussi bien dans le haut des rivières que près de leur embouchure. Guigues et Coudreau en ont tué plusieurs, tandis que sur neuf tapirs que les gens du docteur ont poursuivis, ils n'en ont tué que deux. L'explorateur croit que cela tient à ce qu'ils n'employaient que des chevrotines, qui glissent sur la peau de l'animal en n'y produisant qu'une simple contusion. Seules les balles tirées à courte distance sont capables de produire des plaies pénétrantes et de donner la mort.

Le tapir se tient généralement aux environs des cours d'eau. On s'assure facilement de sa présence par de profondes empreintes qu'il laisse dans l'argile. Ses membres antérieurs sont terminés par quatre doigts recouverts de sabots et les postérieurs par trois seulement. Les déjections de cet animal, qu'on rencontre à chaque instant sur les bords du Maroni et du Yary, ont la plus grande ressemblance avec celles du cheval. Le tapir, en effet, se nourrit exclusivement de plantes herbacées.

Le tapir circule surtout pendant la nuit; les voyageurs sont fréquemment réveillés par son passage à quelques pas de leur hamac. On l'entend, dans l'obscurité, brouter l'herbe et les jeunes pousses qui se trouvent sur le bord des rivières.

On pourrait croire que cet animal, qui n'a pour toute défense que l'épaisseur de sa peau, souffre beaucoup des tigres ; mais un Boni a assuré au docteur Crevaux avoir achevé un grand tigre qui avait été blessé dans une lutte avec un maïpouri. Celui-ci, attaqué par derrière au moment où il dormait paisiblement, s'était précipité tête baissée au milieu d'un fourré très épais et y avait assommé son adversaire.

La tête du tapir, comprimée latéralement, agit comme l'éperon d'un navire pour ouvrir un passage à travers les fourrés les plus épais.

Le tapir n'est dangereux pour l'homme que lorsqu'il est blessé ; il lui arrive alors de se retourner même contre une pirogue qui le poursuit et de la faire chavirer d'un coup de tête.

La chair du tapir est excellente ; lorsque l'animal est gras et jeune, elle a tout à fait le goût du bœuf ; la partie la plus recherchée est une bosse de graisse très ferme, ayant la consistance de la couenne de lard, et qui se trouve au niveau de la crinière.

Le tapir, d'un naturel timide, n'attaque pas l'homme, même pour défendre ses jeunes.

Le docteur Crevaux raconte qu'ayant poursuivi un jour un tapir femelle et son petit dans un endroit où le Yary est large, mais peu profond, il a vu la mère prendre la fuite toute seule. Il est vrai qu'elle ne quitta pas le rivage avant que les chasseurs eussent relâché sa progéniture qu'un des nègres de l'escorte tenait enlacée dans ses bras vigoureux. Le petit animal poussait des sons aigus, comparables au sifflement de certains singes.

On a dit que le tapir ne sortait dans la journée que par les temps de pluie. Nos explorateurs récents, Crevaux, Coudreau, Guigues, s'accordent à dire que c'est une erreur, et tous ont vu souvent des tapirs se promener près des bords des rivières et les traverser pendant la saison des fortes sécheresses, en plein midi.

Au dire des habitants du haut Maroni, il arrive quelquefois que le tapir, broutant l'herbe de la rivière, est assailli par un serpent boa qui l'enlace rapidement de ses anneaux. Il ne succombe pas généralement, dans cette lutte avec le géant des reptiles. Ceux qui ont observé un de ces combats disent qu'une fois saisi, il fait un mouvement d'expiration pour diminuer le diamètre de sa poitrine ; le boa profite de ce mouvement pour resserrer ses anneaux autour de sa proie ; alors le tapir, d'un mouvement d'inspiration qui est d'autant plus grand que l'expiration a été plus forte, dilate subitement son thorax et détend les anneaux du reptile.

Les Bonis ont raconté à M. Guigues qu'un homme vigoureux de leur tribu est parvenu à se dégager ainsi de l'étreinte d'un boa, en dilatant fortement sa poitrine.

Paca, Agouti, Cabiaï. — Ces trois gibiers appartiennent à la famille des rongeurs.

L'agouti et le paca ont une chair ferme et excellente.

L'agouti ressemble au cavia, vulgairement ap-

Agouti.

pelé cochon d'Inde, par sa conformation extérieure, au lapin et au lièvre par sa taille, ses mœurs et ses habitudes. Il a l'instinct de se peigner et de se nettoyer souvent, comme les chats, aussi est-il toujours lisse et luisant. Son pelage est généralement d'un fauve orangé teinté de noir, avec des nuances verdâtres, plus sensibles sur les membres.

L'agouti vit dans les bois et se loge dans les trous des vieux arbres, qu'il agrandit et arrange de manière à s'en faire une habitation commode. Il se nourrit surtout de substances végétales, racines, feuilles, fruits, graines. Quelques-uns prétendent qu'il mange aussi de la chair, mais le fait n'est rien moins que prouvé. Il se sert de ses pattes, comme l'écureuil, mais avec moins d'habileté, pour prendre ses aliments et les porter à sa bouche.

On rencontre souvent les agoutis par troupes de vingt à trente individus; on leur donne la chasse pour leur chair, qui est très délicate et très estimée. Comme ils courent très vite, il est difficile de les forcer en plaine ou dans les montées; mais dans les descentes rapides on les prend plus aisément.

L'agouti s'apprivoise facilement. La peau sert aux Indiens à se fabriquer leurs vêtements rudimentaires.

Le paca a des formes lourdes, trapues, et son corps, bas sur jambe, lui donne l'aspect d'un gros lapin. On l'a longtemps confondu avec le cabiaï. Il s'en distingue pourtant par de nombreux caractères bien distincts.

Les pacas sont des animaux à démarche assez lente

et comme embarrassée ; néanmoins, quand ils sont poursuivis, ils courent très bien. Ils fréquentent de préférence les lieux boisés et couverts, humides ou voisins des eaux ; ils s'y creusent des terriers. Par leur allure et leur grognement, ils rappellent assez le cochon ; comme lui ils fouillent la terre avec leur museau pour chercher leur nourriture ; ils nagent et plongent très bien ; on assure qu'ils peuvent rester assez longtemps sous l'eau sans revenir à la surface.

Essentiellement nocturnes, ils ne vivent que de substances végétales, et dans les pays de cultures, ils causent fréquemment de grands dégâts dans les plantations de cannes à sucre, dont ils sont friands.

Leur chair constitue un mets délicat.

Les pacas se creusent des terriers comme les lapins, mais peu profondément ; de sorte que souvent les chasseurs en marchant enfoncent dans l'endroit où ils sont cachés pendant le jour, et les font partir.

Il y a deux espèces de pacas : le paca brun, à pelage brun noirâtre, marqué de chaque côté du corps de quatre ou cinq rangées longitudinales de taches blanches arrondies ; et le paca fauve, qui a le pelage fauve avec des taches blanches comme chez le précédent et les pattes antérieures brunes.

Ces animaux sont faciles à apprivoiser.

« Il s'accoutument aisément, dit V. de Bomare, à la vie domestique ; ils sont doux et traitables tant qu'on ne cherche pas à les irriter ; ils sont très sensibles aux caresses et aiment qu'on les flatte. Ils mordent les gens qu'ils ne connaissent pas ou qui les contrarient, mais ils ne mordent jamais ceux qui ont soin d'eux ; ils manifestent leur colère par une espèce de claquement de dents et par un grognement qui précède toujours leur petite fureur. Ils mangent de tout, mais ils aiment surtout le sucre et les fruits. »

La chair de ces animaux est blanche, tendre et succulente ; sa saveur rappelle assez celle du lièvre ; elle est grasse et accompagnée d'un lard assez épais ; on mange même la peau des jeunes comme celle du cochon de lait. Les adultes donnent une assez belle fourrure.

« Les *cabiaïs*, dit d'Orbigny, vivent sur les bords des fleuves par troupes de cinquante à soixante. Grands comme nos cochons, ils sont à peu près amphibies. Sur terre comme dans l'eau, ces pauvres bêtes n'ont pas une heure de sûreté ni de calme. Ici les jaguars les dévorent ; là, les caïmans les attaquent. Décimés par deux ennemis si puissants, ils se multiplient néanmoins d'une façon prodigieuse. Plus d'une fois, dans le cours de notre navigation, notre barque se trouva subitement entourée par des bandes nombreuses de cabiaïs, qui nageaient en élevant leur tête au-dessus de l'eau. A

Cabiaï.

terre on les voyait assis sur leur derrière comme les lapins, remuant aussi comme eux leur lèvre supérieure. Le cabiaï est le plus grand animal de la famille des rongeurs. Sa chair, qui a une odeur de musc, se sale et se prépare en jambons. »

Le cabiaï a les pattes à moitié palmées ; c'est ce qui lui permet de passer une partie de son existence à courir les rivières. S'il est poursuivi par les chasseurs, il plonge comme un canard.

Pécari. — Au sujet de cet animal, nous transcrivons textuellement les notes suivantes, écrites par le docteur Crevaux, le 5 août, dans le village de Cotica :

« Je suis allé aujourd'hui, au village de Pobianchi, voir un sauvage nommé Apatou, qui paraît décidé à remonter le fleuve. Au retour, nous entendons un cri d'alarme qui part du village : « Pingo ! Pingo ! »

» Mon compagnon court ventre à terre et disparaît en un clin d'œil. Ne sachant de quoi il s'agit et voyant les femmes et les enfants se précipiter vers la rivière, je cours moi-même dans cette direction, pensant qu'un grand malheur est arrivé et que mes connaissances médicales pourront servir.

» Pingo ! Pingo ! Gadou ! » s'écrie une femme qui me montre plusieurs points noirs dans la rivière. Quinze pirogues sillonnent le fleuve dans tous les sens ; on entend des coups de fusil et l'on voit les pagayeurs se lever à chaque minute pour frapper à coups redoublés sur les corps noirs en question.

Chasse aux pécaris.

» Quel est donc l'animal qui donne lieu à cette chasse effrénée? Est-ce un poisson ou bien un mammifère amphibie? Enfin, le champ de bataille se rapproche, on distingue les combattants. Les points noirs sont des têtes qui ressemblent à celle du sanglier ; la lutte va finir, les derniers survivants reçoivent sur le nez de grands coups qui les assomment.

» Une petite tête dépassant à peine le niveau de l'eau a échappé aux regards des chasseurs ; je reconnais un petit pécari que je recueille dans mes bras au moment où il atteint la rive.

» Les pirogues chargées à couler bas reviennent au plus vite. On pousse des cris de joie. Une légère embarcation montée par un homme et une femme rapporte sept pécaris d'un poids moyen de 20 kilogrammes. Notre équipage, n'ayant pas de canots et s'étant embarqué à bord de différentes pirogues montées par des Bonis, reçoit trois pécaris et demi pour sa part de prise.

» Le soir, après dîner, je vais fumer un cigare dans la case d'un voisin. Ces braves gens sont radieux et bénissent le Gadou (bon Dieu) de leur avoir donné 38 pingos.

» Hommes et femmes travaillent avec la plus grande activité à préparer la viande. Tous ne procèdent pas de la même façon pour enlever les poils, qui ressemblent aux soies de sanglier : les uns passent le corps tout entier sur une flamme vive et râclent la peau avec un couteau ; les autres coupent la viande par quartiers et la plongent dans l'eau bouillante pour arracher ensuite les poils à la main.

» Je remarque qu'on rejette au loin un morceau de peau de la région lombaire ; elle renferme une glande sécrétant une matière blanche qui a l'odeur du musc. Cette glande, se trouvant immédiatement sous le derme, a une longueur de six centimètres sur trois de largeur et sept ou huit millimètres d'épaisseur ; à l'œil nu, elle présente la plus grande analogie de structure avec les glandes salivaires de l'homme ; son canal excréteur débouche dans un petit mamelon qui est recouvert de poils.

» La viande est disposée sur des espèces de treillis élevés à un mètre du sol et soutenus par trois ou quatre piquets. Au-dessous, on allume un grand feu qu'on entretiendra pendant toute la nuit. Demain on aura une viande qui se conservera pendant quatre ou cinq jours : elle sera boucanée.

» Le boucanage est le seul procédé employé par les indigènes des Guyanes pour la conservation du gibier et du poisson. La viande boucanée est réellement bonne ; la surface, devenue un peu croustillante à la flamme, a une légère odeur qui flatte le palais.

» En voyage, on peut conserver le gibier pendant longtemps si l'on a soin de le placer chaque nuit sur un boucan. La chair ainsi conservée se mange généralement bouillie, mais on peut la consommer sans aucune préparation. Il est à noter que les noirs du Maroni, aussi bien que tous les Indiens, n'enlèvent pas la peau du gibier, mais se contentent seulement d'arracher les poils.

» Nous avons été quelquefois effrayés par des beuglements épouvantables qui partaient de la rivière : c'était une bande de loutres qui remontaient le courant à la poursuite du poisson. Les Bonis ne chassent la loutre que pour se divertir, car ils ne font aucun cas de sa viande qui a mauvaise odeur, ni de sa peau parce qu'ils n'ont pas besoin de fourrures.

» En descendant le Yari, un de nos hommes a été assez habile pour envoyer sa flèche dans la bouche d'une loutre au moment où elle arrivait à la surface de l'eau pour respirer. »

Singes. — Les naturels chassent trois espèces de singes; ce sont :

Le singe rouge ou hurleur que les anciens habitants des Guyanes désignaient sous le nom d'*alouata*, le singe noir ou *couata* et le singe blanc que les Bonis et les noirs de la côte appellent *macaque*.

Le singe rouge est très commun dans tout le pays ; chaque nuit, les voyageurs sont réveillés par les hurlements de cet animal, qui, bien que plus forts que les beuglements d'un bœuf qu'on égorge, ont une certaine analogie avec eux. Cet animal se fait entendre surtout le matin, à l'heure où les coqs réveillent les habitants des villages.

Une particularité intéressante, c'est que le singe hurleur est capable de donner en même temps des sons aigus et des sons graves, de manière à faire croire que deux individus s'accompagnent. L'examen attentif de l'appareil vocal du singe hurleur nous rend compte de ce phénomène.

Chez lui, l'air sortant des poumons par la trachée peut suivre en même temps deux directions différentes : ou sortir directement par la glotte, ou passer par une énorme cavité creusée dans l'os hyoïde, et qui forme un véritable résonateur. L'air qui sort directement donne les sons aigus, tandis que celui qui passe dans la caisse de l'os hyoïde produit les sons graves.

En examinant à plusieurs reprises des bandes de singes hurleurs, le docteur Crevaux a remarqué que lorsque l'un de ces animaux se livre à ces exercices de chant plus ou moins harmonieux, il se promène seul tout le temps que dure ce concert peu récréatif, tandis que ses compagnons restent dans une immobilité complète.

Il est à noter que c'est toujours le plus gros mâle

Singe hurleur. — Macaque.

qui lance, en se promenant, ces véritables duos à travers l'espace.

Le singe hurleur a le cerveau petit relativement

à la grosseur de son corps, et encore ses circonvolutions cérébrales sont-elles peu développées. Les disciples de Fourier ne manqueraient pas de tirer de là une analogie peu favorable aux musiciens en général et aux artistes lyriques en particulier.

Le couata ou singe noir est beaucoup plus intelligent et plus habile que le singe hurleur. Il a le cerveau relativement volumineux et les circonvolutions cérébrales nombreuses. Le docteur Crevaux a vu un couata de taille moyenne poursuivre un gros singe rouge qu'il frappait à coups de bâton.

Les mains du couata sont remarquables par leur peu de largeur et leur longueur démesurée. Sa chair constitue un excellent aliment, de beaucoup préférable à celle du singe rouge et du macaque. La graisse du couata, liquide à la température de la zone torride, est excellente pour graisser les fusils et pour faire la cuisine.

Le macaque ou singe blanc est l'espèce la plus commune dans les Guyanes. Cet animal donne des preuves manifestes d'intelligence.

Voici une anecdote racontée à ce sujet par le docteur Crevaux :

« Pendant que nos hommes couraient les bois, nous avons assisté un jour à un curieux spectacle. Un gros macaque se trouvait posté devant un essaim de mouches à miel. L'index gauche, placé devant l'ouverture du nid, se relevait de temps en temps comme le clapet d'une soupape. La mouche qui se présentait à cette porte entr'ouverte était habilement saisie entre le pouce et l'index de la main droite et placée sous la dent.

» Un tout petit singe qui se trouvait à côté manifestait un air d'envie à chaque capture.

» Enfin, furieux de ne pas prendre part à ce festin, dont l'éloignait impitoyablement la menace d'une calotte bien appliquée par le gros singe, il se précipite d'un bond sur le nid, le met en morceaux, et s'enfuit au galop. Le gros macaque, auquel sa gloutonnerie n'avait pas permis de prévoir ce tour machiavélique, est assailli par des milliers de mouches qui lui font payer cher son égoïsme. »

Oiseaux. — Les meilleurs oiseaux sont ceux qui appartiennent à la famille des gallinacés, principalement le hoco et la maraille.

Le hoco, qui est du volume d'une petite dinde, est très facile à tuer; son bréchet est recouvert d'une couche musculaire épaisse, que l'on peut faire griller comme de véritables filets de bœuf.

Le mâle se fait entendre assez souvent pendant la nuit, et de grand matin, comme le coq. Il se distingue de la femelle en ce que le panache qu'il porte en guise de crête est complètement noir;

tandis que celui de la femelle est tacheté de blanc.
Cet oiseau, très facile à apprivoiser, se promène
comme les poules autour des habitations. M. Guigues en a vu d'apprivoisés qui faisaient leur nid
sur un arbre. Pour fabriquer ce nid, les hocos se
servent de petites branches qu'ils cassent avec leur
bec et qu'ils disposent avec leurs pattes d'une façon
très artistique.

La maraille se tient sur les arbres; elle donne
une chair excellente lorsqu'elle est grasse.

La maraille ou le marail a, comme le hoco, sur
la tête des plumes qu'elle relève et hérisse en forme
de huppe, quand elle est excitée.

Les marailles vivent dans les forêts, recherchent
les endroits touffus, se perchent sur les branches
les plus basses et se cachent pendant le jour dans
l'épaisseur des frondaisons. Le matin et le soir,
elles sortent de leur retraite pour vaquer à leurs
besoins; alors elles s'en vont souvent sur la lisière
des bois, mais sans jamais s'engager bien avant
dans les lieux découverts.

Leur nourriture se compose de fruits, de graines,
de bourgeons, de jeunes pousses d'herbe.

Ces oiseaux vivent en petites familles. Ils ont le
vol bas, horizontal et de peu d'étendue; dans la
marche, ils s'aident de leurs ailes, ce qui facilite
beaucoup leurs mouvements. A chaque mouve-

ment qu'ils font en avant, leur queue s'arrondit faiblement, comme chez les hocos.

La maraille pénélope, qui est spéciale à la Guyane, est de la grosseur d'une poule ordinaire et atteint près de 70 centimètres de longueur totale. Son plumage est d'un vert foncé à reflets métalliques; la partie nue des régions orbitaire et temporale est d'un rouge pâle; la gorge et la membrane qui l'accompagne sont d'un bleu violacé; la poitrine et le cou sont tachetés de blanc; les pieds sont rouges avec les ongles noirs.

Les marailles prises jeunes s'apprivoisent aisément, s'élèvent très bien en domesticité et s'accordent parfaitement avec les hôtes habituels de la basse-cour.

Sonnini, le grand naturaliste, dit en avoir vu une dont la familiarité était importune : cet oiseau était ˮensible aux caresses, et lorsqu'on répondait áux siennes, il témoignait la joie la plus vive par ses mouvements et par ses cris, semblables à ceux d'une poule qui rassemble ses poussins autour d'elle.

Nous terminerons cette description sommaire des gibiers à plumes qu'on rencontre en Guyane, en parlant de l'agami. Celui-là tient à la fois des gallinacés et des échassiers.

L'agami est de la taille d'un faisan. Son plumage d'un beau noir sur les ailes, sur le cou, sur la tête et sous le ventre, présente sur la poitrine des reflets irisés. Une bande d'un rouge ferrugineux, bien tranché sur le noir, après avoir partagé le dos en deux parties, dont l'inférieure est d'un gris cendré clair, passe sur les ailes en dorant les petites couvertures d'un fauve éclatant.

La tête, la gorge et la partie supérieure du cou sont simplement couvertes d'un duvet court, légèrement crépu et moelleux au toucher ; le tour de l'œil est nu ; le bec est conique et un peu convexe. La longueur des jambes, dont le bas est dégarni de plumes, a pu seule déterminer le rang que Cuvier lui assigne parmi les grues.

En Guyane, l'agami s'appelle aussi l'oiseau trompette ; il doit ce nom aux sons sourds qu'il fait entendre sans ouvrir le bec.

Il habite les forêts épaisses et éloignées des habitations. Toutefois il n'est nullement sauvage.

Les agamis vivent par troupes de trente ou quarante individus. Ils se laissent facilement approcher par l'homme, au point que l'on peut en abattre plusieurs avant que les autres pensent à s'enfuir. Il se tient de préférence sur les lieux élevés, a le vol lourd et se nourrit d'insectes et de fruits sauvages.

L'agami est facile à domestiquer. Son intelligence acquiert dans nos basses-cours un développement merveilleux. Il sait reconnaître celui qui

Caïmans

le soigne et se prend pour lui d'une affection sincère ; il obéit à sa voix, répond à ses caresses et en sollicite de nouvelles jusqu'à l'importunité ; il fête sa présence par des transports de joie, se montre triste en le voyant partir et bondit à son retour.

Comme le chien, il sait reconnaître les amis de la maison et accueillir leur arrivée. On lui accorde même l'intelligence de nos chiens de berger et il exerce sur les volailles des basses-cours le même empire, la même surveillance que ces derniers sur les moutons.

SAURIENS. — Dans l'ordre des sauriens, nous trouvons le caïman. Ce mot *caïman*, qui sert à désigner les crocodiles d'Amérique, est usité chez les indigènes des Guyanes, qui n'ont jamais eu de rapports avec la civilisation. La chair de ce saurien a une forte odeur musquée et n'est jamais mangée par les nègres Bosch.

Le docteur Crevaux raconte qu'il lui est arrivé de mettre pied à terre à côté d'un caïman que son immobilité lui faisait prendre pour un morceau de bois mort. Cet animal féroce n'aurait eu qu'à ouvrir la gueule pour saisir l'explorateur par une jambe. Loin de l'attaquer, il se laissa choir à l'eau et se sauva.

Un Boni qui accompagnait l'explorateur, ayant

voulu prendre des œufs de caïman, fut poursuivi avec une telle célérité qu'il ne trouva d'autre moyen d'échapper à son adversaire qu'en grimpant au plus vite sur un arbre. Ce malheureux serait resté de longues heures dans cette position critique, s'il n'avait frappé d'une balle le caïman qui l'assiégeait avec l'opiniâtreté d'une mère défendant sa progéniture.

Le caïman attaque avec avantage tous les mammifères qui traversent la rivière; mais, à terre, le tigre lui livre des combats desquels le puissant représentant de la race féline sort généralement vainqueur. Le docteur Crevaux a vu un caïman sans queue que des piraïs dévoraient tout vivant. On lui apprit que ce malheureux s'était battu avec un tigre qui lui avait arraché cet appendice.

Le tigre, n'osant affronter la mâchoire formidable de son ennemi, saute sur son dos et lui arrache la queue, qu'il dévore à son aise. Le caïman mutilé regagne au plus vite la rivière pour se mettre en sureté, mais il est aussitôt attaqué par les piraïs qui déchirent sa plaie pour se repaître de son sang.

Iguanes. — Ce sont des sortes de lézards d'une grande taille. Celle de Guyane est de couleur verte devenant quelquefois bleuâtre, d'autres fois ardoisée et en dessous d'un jaune verdâtre. Les côtés présentent des raies en zigzag, brunes, bordées de jaune.

On trouve un grand nombre d'iguanes sur le

Iguane.

bord des cours d'eau ; on peut les tuer avec un fusil ou une flèche, lorsqu'on les voit sur des arbres qui surplombent la rivière. Souvent ces animaux se précipitent dans l'eau lorsqu'ils voient une pirogue.

Au dire de tous les voyageurs les iguanes constituent un mets délicat.

SERPENTS. — Les reptiles sont représentés par un grand nombre d'espèces dans les Guyanes. Ces animaux se tiennent de préférence sur les lianes qui bordent les rives. Crevaux a manqué de

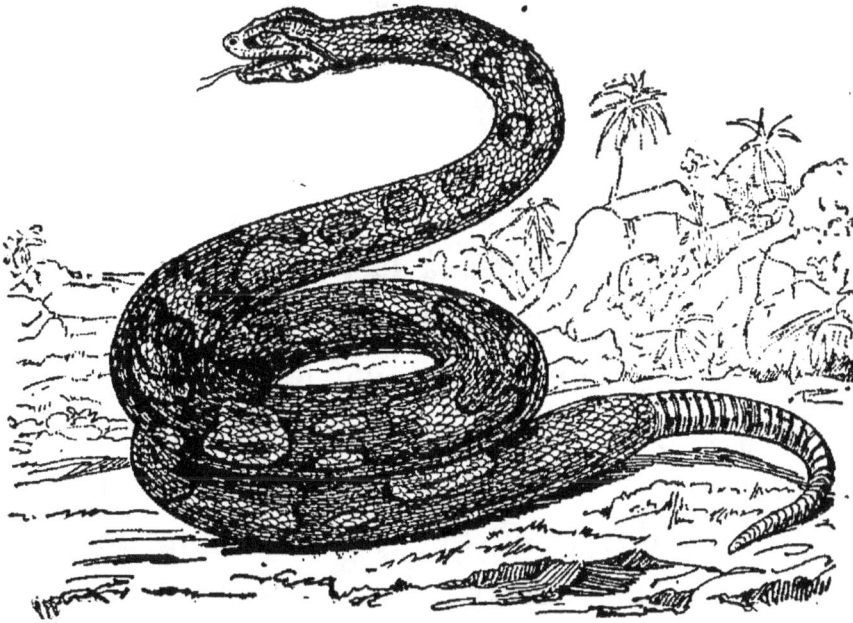

Serpent boa. La couleuvre *Mama di l'eau*.

se faire piquer en cueillant les fruits parfumés d'une passiflore que les gens de la côte appellent Marie-Tambour et dont les serpents sont très friands. Une espèce de serpent aquatique, que les Bonis appellent *ouatra yacouca*, est particulièrement dangereuse pour les voyageurs qui suivent les cours d'eau.

Le serpent boa est assez commun dans les cours

d'eau ou sur les rives; il atteint ordinairement 15 à 18 pieds de long et on en a vu dépassant 40 pieds et mesurant 60 centimètres de circonférence. Les créoles les nomment couleuvre et aussi *mama di l'eau* (mère de l'eau). Il se nourrit d'animaux inoffensifs qu'il surprend lorsqu'ils viennent s'abreuver sur le bord des rivières ou bien lorsqu'ils les traversent.

Un jour Apatou, le fidèle compagnon noir de voyage du docteur, voyant son chien saisi par un boa gigantesque, n'hésita pas à se porter à son secours et ce ne fut pas sans une grande émotion que l'explorateur assista à la lutte de son nègre contre le redoutable ophidien. Les anneaux du reptile gigantesque entouraient le pauvre animal, le pressaient, l'étouffaient et semblaient devoir faire déjà craquer ses os; mais bientôt ils furent tranchés par le sabre d'Apatou, qui ramena triomphant son chien vivant sur le rivage. Les serpents venimeux sont : le *corail,* dont la taille ne dépasse pas celle d'une petite anguille, le *grage,* ou trigonocéphale et le serpent à sonnettes. Les morsures de ces serpents sont très dangereuses et souvent mortelles.

Complétons ces renseignements sur la faune de la Guyane, renseignements empruntés pour la plupart au récit de voyage du docteur Crevaux, par une rapide énumération des animaux divers qui se rencontrent dans ces pays.

Les félins y sont représentés par le couguar, le jaguar, l'once et le tigre rouge, qui ressemble par la taille au tigre du Bengale. Il est appelé généra-

Indiens chassant l'aï ou paresseux.

lement jaguar en Guyane ; c'est un grand chat moucheté qui fuit devant les chasseurs et se réfugie dans la profondeur des forêts vierges.

Dans ces grands bois, on rencontre encore,

outre les gibiers que nous avons signalés, le *cariacou,* espèce de biche rouge ou blanche, presque aussi grande que celle d'Europe, le *paresseux,* le *tatou* cuirassé d'écailles, le *tamanoir à crinière,* de la grande espèce, le *cochon sauvage,* ou *marron,*

Araignée-Crabe.

les *écureuils,* gris ou noirs, les *oppossums* et les *sarigues.*

Les insectes hideux et malfaisants abondent en Guyane. Parmi eux le plus redoutable est *l'araignée-crabe.* Le corps de ce monstre est composé de deux parties distinctes, également couvertes de poils d'où partent cinq paires de pattes à quatre articulations. Ces pattes sont armées d'une griffe jaune et crochue. De la tête sortent deux pinces recourbées en dedans comme celles d'un crabe ; elles servent à déchirer la proie.

La morsure de l'araignée-crabe n'est pas mortelle mais elle cause la fièvre et entraîne une partie des accidents produits par la dent des reptiles. Le seul contact de ses poils occasionne à la peau une brûlure pareille à celle de l'ortie. M. Bouyer a vu une araignée-crabe qui, les pattes étendues, mesurait près de huit pouces de diamètre. (1).

M. Hue dit dans son excellent livre sur nos grandes colonies :

« Jamais pays ne fut peuplé de plus d'insectes que la Guyane : le fulgore porte-croix, le fulgore porte-lanterne, le charançon bleu pointé de noir, l'arlequin, dont le nom indique l'habit, la mouche-éléphant, les moustiques, le pou d'agouti, le ver macaque, le scolopendre, le gule, la chique, la tique, la fourmi manioc, le scorpion, la lucilia hominivore, etc. Plusieurs de ces bêtes ne sont que désagréables, d'autres sont dangereuses ; le contact de quelques-unes est mortel.

» Les moustiques, dans certains quartiers, deviennent une véritable calamité : ils sont si nombreux

(1) Voir Bouyer, *Voyage dans la Guyane française*. (*Tour du monde*), 1er semestre 1866).

que, même avec un moustiquaire, on a peine à éviter leurs piqûres.

» La chique est un petit insecte qui s'introduit entre cuir et chair et y dépose ses œufs ; bientôt toute une famille s'engraisse à vos dépens.

» La fourmi manioc est un véritable fléau ; elle dévore tous les fruits de la campagne dans leur première végétation. Pour se préserver de leurs ravages, les habitants les nourrissent plutôt que de les chasser, ce qu'ils tenteraient en vain.

» Le scorpion est énorme, il atteint la taille d'une écrevisse ; sa piqûre cause rarement la mort; elle est accompagnée de douleurs cuisantes, et souvent amène de sérieux désordres. Quoi qu'en aient dit certains voyageurs et bon nombre d'auteurs, le scorpion, placé au centre d'un cercle de charbons ardents, se tue. Nous en avons maintes fois fait l'expérience.

» La lucilia hominivore est une mouche ordinaire qui n'a ni dard, ni venin, et cependant tue aussi certainement que le serpent le plus venimeux. Elle ressemble absolument à la mouche de nos climats connue sous le nom de mouche à viande. Elle s'introduit dans les narines ou dans l'oreille de l'homme pendant son sommeil, y dépose ses œufs et se retire. Les désordres occasionnés par les milliers de larves qui se développent et subissent toutes leurs transformations aux abords du cerveau, amènent une méningo-céphalite qui emporte le malade au bout de quelques jours, après des souffrances atroces. »

Nous terminerons ce chapitre en disant un mot sur le plus terrible ennemi que les hommes puissent

Chauve-Souris vampire.

rencontrer dans les bois de la Guyane. C'est le *vampire.*

On appelle ainsi une grosse chauve-souris d'un brun sombre, presque noire, un peu plus claire sous le ventre. Ce monstre est muni de larges ailes de peau dentelée, dont il se sert autant comme parachute que comme organe de locomotion.

La nuit, quand les animaux ou les hommes dorment en plein air, soit sur le sol, soit dans un hamac, le vorace animal se laisse tomber sans bruit sur sa proie; il s'approche du cou de la victime et, agitant ses ailes velues, entoure son visage d'une sorte de douce ventilation. Alors commence l'œuvre mortelle. Le vampire déploye une très longue langue, portant à son extrémité huit suçoirs aigus rangés en cercle. Au centre se montre une autre végétation plus saillante et terminée en pointe comme une lancette de chirurgien.

Ce repoussant appareil, après s'être recourbé en tous sens, se colle tout à coup sur la gorge du dormeur et les neuf appareils entrent en exercice, semblables aux ventouses scarifiées dont on se sert dans les hôpitaux.

Le sang de la victime est absorbé à flots sans qu'elle se réveille, car pendant la succion le vampire n'a pas cessé d'agiter ses ailes et d'épaissir ainsi le sommeil du dormeur qui passe de vie à trépas.

III.

HISTOIRE DE LA COLONISATION DE LA GUYANE FRANÇAISE.

La plus grande partie de ce chapitre sera empruntée au vaillant et savant explorateur Henri Coudreau, qui a bien voulu nous communiquer les épreuves d'un long et précieux travail qu'il prépare pour l'éditeur parisien Challamel, et nous autoriser à y puiser à notre aise.

Cette étude est si complète et si intéressante que nous l'aurions volontiers citée tout entière si le cadre modeste de ce volume l'avait permis. Nous nous contenterons de lui emprunter les faits les plus importants ; comme nous le ferons encore quand il s'agira des richesses de la Guyane.

C'est au commencement du XVIe siècle que la France commença à coloniser ses possessions de l'Amérique équinoxiale ; de nombreux voyageurs se dirigèrent vers la Guyane à qui l'on donna le nom ambitieux de France équinoxiale.

Nous avons dit déjà que, dès l'origine, cette

terre fut un pays de chimères et de vanité. Le littoral fut à peine connu que des aventuriers de toutes provenances se lancèrent dans les terres à la recherche de l'Eldorado.

Pendant que les premiers spécimens de la race des chercheurs d'or s'abattaient sur la colonie, les premiers essais de culture furent également entrepris. Ceux des aventuriers que la frayeur des dangers à courir attachait au rivage, cultivèrent un peu pour ne pas mourir de faim.

Mais ces traînards de l'armée des *conquistadores* n'étaient pas des Cincinnati. Pour l'ordinaire, leurs essais agricoles se bornaient à des vols de bestiaux et de denrées alimentaires accomplis aux dépens des Indiens du pays. Ces derniers résistèrent vaillamment et voilà allumée une guerre terrible dans laquelle, pendant un siècle, les Indiens tinrent bon sans reculer d'un pouce. Plus il débarqua de reîtres et de braves sur la côte d'Eldorado, plus il en fut exterminé.

La seconde époque de la colonisation est celle des seigneurs ruinés, capitaines d'aventure, riches d'audace, légers de science, de scrupules et d'argent.

Le premier de ces capitaines se nommait Adalbert de La Ravardière ; c'était un gentilhomme pauvre, mais illustre et de la plus pure Gascogne.

Chargé par Henri IV d'aller visiter la France équinoxiale, il partit et en revenant affirma avec tant d'aplomb l'avenir de cette contrée qu'il obtint la direction de la première colonie à installer en Guyane.

Il s'établit à la montagne des Tigres, dans l'île appelée depuis île de Cayenne. La petite colonie fut conduite militairement, ce qui ne lui fut peut-être pas très favorable. Toutefois la position, sauf l'éloignement de la mer, était bien choisie. Du monticule on découvre l'île entière, aux alentours la terre est fertile ; non loin de là des rivières se présentent dans tous les sens pour ouvrir l'intérieur. Malheureusement, au pied de la belle montagne vivait un chef caraïbe, le terrible Auouàïcary, avec qui les nouveaux venus ne surent pas vivre en bonne intelligence et un jour, qui n'a pas été précisé, tous les blancs furent massacrés. C'était environ en 1604.

C'était là un début de mauvais augure, mais on ne se découragea pas.

Vers 1610, eut lieu la prise de possession officielle de la Guyane par la France.

Le roi, se désintéressant de la question de colonisation, laissa agir l'initiative privée qui, disons-le, ne fit pas non plus preuve d'une bien grande habileté.

En 1626, des marchands rouennais envoyèrent sur les bords de la rivière de Sinnamary une colonie de vingt-six hommes. Malheureusement ils eurent l'idée de faire commander leurs vingt-six hommes par des sergents d'armes.

Que devinrent-ils ? L'histoire est muette. On voit seulement que les mêmes négociants normands envoyèrent en 1626, sur les bords de la Counamama une nouvelle colonie, sous la conduite de nouveaux sergents d'armes. Ces établissements, dans le voisinage d'Indiens pacifiques mais peu endurants, n'eurent qu'un succès médiocre. En 1630 et en 1633, les sergents demandèrent et obtinrent des renforts. Que devinrent ils ? on l'ignore, mais ce qu'on sait, c'est que, peu après l'expédition dans les deux colonies du convoi d'émigrants de 1633, les deux postes ne figurent plus sur les cartes.

En 1634, un capitaine Legrand, s'établit dans l'île de Cayenne et essaya des cultures, mais cette colonie, malgré le privilège de commerce qu'elle obtint sur l'Orénoque et l'Amazone, ne cessa de languir.

C'est en 1635 que les Anglais firent-leur première visite à notre Guyane. Ils s'y installèrent comme dans une maison abandonnée. Ils occupèrent l'île de Cayenne et de là firent des excursions ayant pour but l'étude du pays. N'ayant trouvé nulle part aucun travail préparatoire, ni routes, ni ponts, ni canaux, ni ports, ni défrichements, ni desséchements, les visiteurs reprirent la mer, attendant flegmatiquement le jour où les premiers travaux d'aménagement seraient accomplis.

A cette époque, le territoire nominal de ce que l'on appelait déjà la France équinoxiale était immense. Cette colonie, sur le papier, comprenait la totalité de l'île de Guyane. Elle était bornée par l'Orénoque, la Cassiquaire, le Rio Negro, l'Amazone et la mer. Depuis, Anglais, Hollandais, Portugais, Espagnols, s'en sont adjugé sans gêne, les plus belles parties, et pourtant la Guyane française actuelle est encore 500 fois trop vaste pour sa population.

En 1643, premier grand désastre. Une nouvelle compagnie rouennaise, jouissant du même privilège que la précédente, se forma sous le nom de Compagnie du cap du Nord. Un sieur Poncet de Brétigny fut chargé de conduire le premier convoi, qui se composait de trois cents hommes, ramassis de vagabonds et de truands, sans une seule femme.

Les émigrants étaient engagés pour trois ans. Les aventuriers d'Europe qui s'engageaient alors à trente-six mois de travail dans les colonies ne savaient guère ce qui les attendait. Une fois arrivé à destination, l'engagé était un esclave blanc

plus matriculé que ne l'eût été l'esclave nègre, car
le dernier était esclave à vie, et le premier pour
trois ans seulement. Le maître nourrissait et logeait
l'engagé, mais il pouvait le céder pendant le cours
de l'engagement. Le prix courant était de trente
écus. Il lui assignait sa tâche, le récompensait, le
châtiait, l'excédait de travail, le torturait selon son
bon plaisir. Mais un gentilhomme n'était pas à cette
époque, et surtout aux colonies, inquiété pour si
peu. L'engagé avait rêvé l'Eldorado; c'était le
bâton, le fouet, la torture et la potence qu'il ren-
contrait.

Poncet aborda dans l'île, alors déserte, où s'éleva
depuis Cayenne. Il y rencontra deux ou trois êtres
à peu près nus, mourant de faim, parlant la langue
des Gallibis, dont ils avaient pris les mœurs. Ces
malheureux lui demandèrent protection contre les
Indiens, qui les avaient réduits en servitude.

Le gentilhomme reconnut en eux des compatriotes, restes misérables des premières expéditions.
Ils étaient venus chercher des fiefs et étaient tom-
bés en esclavage.

Poncet ne se laissa pas influencer par ce funeste
présage. Il fit le tour de sa petite île, et, ayant
découvert sur la côte nord-ouest un monticule
d'une assez belle apparence, il en fit l'acquisition
au chef indien Cépérou, qui y était établi. Désor-

mais la montagne porta le nom de l'Indien.

Cette acquisition était doublement habile. L'endroit était très bien choisi et c'était de bonne diplomatie que de dépenser quelques bibelots pour se concilier l'amitié d'un chef indigène plutôt que de le déposséder de vive force.

Sur le mont Cépérou s'éleva un village qui fut appelé Cayenne, du nom d'un autre chef indien.

Malheureusement l'ivresse du pouvoir absolu, l'isolement, la fièvre peut-être ou l'ennui, détraquèrent la cervelle du fondateur. Il se conduisit en bête féroce, chassant et traquant les Gallibis, ses voisins. Il organisait de grandes salles de torture, où il s'amusait à aller voir supplicier aussi bien ses hommes que les indigènes.

Cela exaspéra le petit peuple. La guerre civile éclata; les Indiens vinrent en aide aux révoltés, il y eut des massacres, des assassinats, des batailles. Poncet fut tué par les siens.

Après la mort de ce fou furieux, la colonie, bien que décimée par la guerre, les maladies, la famine, les excès, n'en continua pas moins à maltraiter les Indiens. Ils allaient saccageant les carbets, enlevant les femmes et les filles des Gallibis, qu'il eût été si simple d'acheter sans commettre cent atrocités.

Les restes de l'expédition Poncet se rendirent enfin tellement odieux aux indigènes, que le ban de guerre fut publié chez toutes les nations indiennes, de l'Oyapock au Sinnamary, et qu'une armée de confédérés caraïbes vint mettre le·siège devant le village de Cayenne, qui fut détruit ; vingt-cinq hommes seulement échappèrent au désastre, en se retranchant fortement au sommet du Cépérou. En 1745, ces malheureux reçurent de France un renfort de quarante hommes envoyés par les associés de Rouen.

Les nouveaux venus, effrayés de la triste situation de la colonie, reprirent aussitôt la mer. Seize seulement, au cœur doublé de chêne et d'airain, furent assez héroïques pour rester. Mal leur en prit. Ils furent massacrés, avec les vingt-cinq autres de l'expédition Poncet, par les Gallibis. Ainsi disparaissaient jusqu'au dernier les Français de la France équatoriale, qui redevenait la terre indienne des premiers jours.

La chronologie nous oblige à enregistrer sept ans plus tard, en 1652, un second grand désastre. Cette fois il ne s'agit pas de la mort de près de quatre cents hommes, mais de plus de huit cents. Après quoi l'île de Cayenne et la France équinoxiale seront encore une fois purgées de colons français. Vers la fin de 1654 s'était formée à Paris une grande société, sous le nom de *Compagnie de la France équinoxiale.*

La colonie déserte était donnée à douze seigneurs associés.

Ces seigneurs, même avant d'arriver à Cayenne, se divisèrent pour des questions de préséance.

Parmi leurs huit cents hommes ne se trouvaient qu'une douzaine de cultivateurs; le reste se composait d'ouvriers de tous métiers et surtout de gens sans profession. Presque pas d'instruments de culture, à peine un vêtement de rechange.

Ces huit cents victimes partirent de Paris. L'abbé de Marivault, l'âme de l'expédition, et le sieur de Royville, le chef militaire, les dirigeaient. Marivault se noya pendant la descente de la Seine, Royville fut assassiné en mer par un de ses coassociés.

Quand l'expédition, privée de ses deux chefs, débarqua à Cépérou, elle y trouva soixante hommes que l'ancienne Compagnie du Nord y avait envoyés en hâte pour maintenir ses droits à la possession de la Guyane. Mais les nouveaux arrivés étaient trop nombreux et les soixante hommes de l'ancienne Compagnie trop indifférents. Ces derniers passèrent avec armes et bagages à la Compagnie nouvelle.

Cette expédition était marquée au sceau de la fatalité. Au lieu de piocher la terre pour ne pas mourir de faim, ces fous se mirent à se chamailler, à se battre, à s'assassiner, à se juger. On créa un tribunal qui, dès le premier jour, prononça des peines capitales, et pendant ce temps la famine apparaissait à l'horizon.

Les nations indiennes s'unirent contre ces blancs qui volaient leurs femmes, leurs bestiaux, leurs récoltes, et réduisaient les tribus en esclavage.

Un Vercingétorix indigène fit cacher toutes les provisions, et au moment où la famine était le plus atroce, il fondit sur les malheureux affamés. Douze ou quinze échappèrent et gagnèrent Surinam, qui était déjà très florissante sous la domination hollandaise. C'était en 1654. Cayenne mourait une seconde fois.

Un certain Sprenger avec quelques centaines de juifs hollandais chassés du Brésil par les Portugais, vinrent s'établir dans le territoire de Cayenne devenu désert, et pendant huit années, de 1655 à 1663 y formèrent une colonie prospère.

Ces succès excitèrent l'envie et l'émulation des nobles seigneurs de la France équinoxiale. Ils organisèrent une nouvelle société, réunirent un capital de 200 000 livres et un convoi de 1 000 émigrants et remirent le commandement de l'expédition à un M. de la Barre, devant qui Sprenger et ses hommes durent se retirer.

Le sieur de la Barre attacha son nom à un troi-

sième grand désastre, mais, plus heureux que ses
prédécesseurs, il réussit à sauver sa peau.

En moins d'un an, les 1 000 émigrants, étaient à
peu près tous morts, victimes des Indiens, de la
disette et de la guerre civile.

Quand de la Barre rentra en France et qu'on
connut le sort de ses compagnons, le ministre
Colbert, en 1664, déclara que ces insuccès étaient
dus à l'incompétence de l'initiative privée et fonda
une Compagnie royale des Indes Occidentales.

Le sire de la Barre, qui devait être un bien
grand intrigant, fut choisi pour diriger les affaires
de cette compagnie en Guyane et il vit ainsi s'accomplir le quatrième grand désastre, après avoir
si bien contribué au troisième.

Ce seigneur arriva en 1664, avec un nouveau
convoi, convoi c'est bien le mot, de 1 000 colons,
prendre possession de Cayenne au nom de la
Société royale. Les maisons détruites furent rele-
vées ; on en construisit de nouvelles et en 1667
Cayenne était devenu un gros village.

Quelques corsaires anglais vinrent l'attaquer.
M. de la Barre s'enfuit dans l'intérieur avec quelques prêtres et laissa passer l'orage. Les corsaires
massacrèrent ou dispersèrent la population, incen-
dièrent Cayenne, puis, satisfaits, remontèrent sur
leurs navires.

Colbert récompensa son protégé du courage déployé en cette circonstance en le nommant gouverneur, quand la colonie eut passé à la couronne.

Rien de plus triste et de plus misérable que l'aspect de la contrée: le bourg aux trois quarts détruit était en pleine forêt vierge. Nulle route, pas de défrichements. Dans l'île, quelques centaines d'individus dispersés dans des huttes, à moitié nus, malades, vivant à la sauvage. Les carnassiers tenaient assiégé le pauvre petit hameau de Cayenne, où quelques douzaines de Français affamés, grelottant, la fièvre dans leurs huttes, attendaient dans le découragement l'arrivée des renforts d'Europe ou de la mort libératrice (1667).

La Guyane, devenue colonie royale et directement administrée par la couronne, prospéra pendant un siècle. Jusqu'à la Révolution, l'influence de Colbert se fit sentir, et la colonie atteignit son maximum de prospérité.

Deux ans après la grande mesure qui devait transformer la colonie, les Hollandais vinrent voir où nous en étions de notre œuvre de conquête du sol. Ils campèrent deux ans au Cépérou, sur les ruines de nos cinq ou six désastres. C'est alors que d'Estrées vint les surprendre; ils lui abandonnèrent la place sans coup férir.

Cayenne fut reconstruite et Colbert entreprit à

la fois ces trois œuvres fondamentales : l'exploration de la côte et de l'intérieur, l'introduction de travailleurs et d'immigrants, et des essais généraux de défrichement et de culture.

La première exploration scientifique de la Guyane française fut entreprise, en 1674, par les jésuites Grillet et Béchamel qui s'avancèrent le plus qu'ils purent dans les terres, catéchisèrent les Indiens et s'efforcèrent de les amener à la côte. Ce voyage de cinq mois, qui coûta la vie aux deux explorateurs, n'eut aucun résultat sérieux.

Rien, en effet, de plus difficile qu'une telle exploration. Qu'on s'imagine un pays plein de forêts et vide d'habitants, entrecoupé d'innombrables rivières entrelacées, larges, profondes, semées de rochers, de rapides et de sauts; des lacis de marécages pleins de roseaux de trois mètres de hauteur; des savanes tremblantes qui creusent un tombeau sous les pas du voyageur; la boue pestilentielle; qu'on joigne à cela l'absence d'instruments impossibles à transporter, et enfin la nécessité de vivre de rien, la fièvre des marais qui enlève toute énergie, et l'on comprendra que les trente ou quarante voyageurs qui se sont aventurés dans les sombres solitudes de la Guyane n'en aient rapporté que des documents incomplets.

Colbert s'occupa aussi de l'introduction de travailleurs dans la colonie. En 1685, les esclaves y étaient au nombre de 1500. Il vida en Guyane quelques bagnes et quelques prisons de France, faisant flèche de tout bois, utilisant les forçats à faire des routes, les jésuites à amener des Indiens, les négriers à introduire des noirs dans la colonie.

A cette époque, canne, coton, roucou, indigo, sortirent de terre, et la magnificence des plantations des colons proclama le génie du créateur de la colonie.

En 1686, la Guyane s'accrut encore en population et en richesse. Plusieurs flibustiers, enrichis des dépouilles de la mer du Sud, vinrent s'établir à Cayenne. L'or et l'argent abondèrent, et ces richesses furent bien employées. Les pirates se firent planteurs et dépensèrent des sommes énormes à créer de vastes et somptueuses exploitations.

Leur exemple eut son mauvais côté, en faisant naître chez les habitants l'amour des aventures. En 1688, sous le drapeau d'un écumeur de mer, appelé Ducasse, la moitié des colons français partit à la conquête de la riche Surinam. Mais la ville, bien gardée, repoussa ses agresseurs et ceux qui s'échappèrent, n'osant affronter les brocards de leurs compatriotes, allèrent se fixer aux Antilles.

Après ce désastre, il restait encore dans la colonie 400 Français, une garnison de 200 hommes et 1500 nègres esclaves. Le travail reprit avec plus d'énergie que jamais, et, en 1690, Cayenne bâtit sa première église.

Le Maroni avait été tacitement accepté comme limite nord de la Guyane française, mais au sud les Portugais franchirent nos frontières de l'Amazone et du Rio Negro. M. de Férolles, un des bons administrateurs de la colonie, se montra énergique et amena les Portugais à signer le traité de 1700, qui rétablissait nos anciennes limites au sud.

Les jésuites avaient rendu de véritables services en établissant des réductions où ils réunirent plus de 50000 aborigènes. Mais, en 1754, ils furent expulsés par décret de Cayenne aussi bien que de Paris. Dès lors les Indiens amenés à nous, la race métis qui se formait, les spendides exploitations de Guatemala et de l'Oyapock, disparurent et tout retourna à la forêt vierge.

Pendant ce temps, les Portugais s'avançaient au-delà de l'Amazone. Une population portugaise s'était établie sur notre territoire. Les Indiens, amenés en masse et catéchisés sous le nom de Tapouyes, constituèrent une force réelle. Une série de postes de colons français dut être échelonnée jusqu'à l'Amazone. M. de Férolles était résolu à agir vigoureusement, quand il fut rappelé. Dès

lors nos intérêts furent de plus en plus sérieuse-
ment menacés.

Quand, en 1713, la France vaincue dut subir la
loi du plus fort, le traité d'Utrecht vint consacrer
l'usurpation des Portugais. Ce traité fixa nos frontières entre la rivière Vincent-Pinçon et le Maroni,
sans explication pour l'intérieur.

Les Portugais ont voulu voir dans le Vincent-
Pinçon le fleuve Oyapock, et depuis cent soixante
ans la France dispute sur ce point. Pour elle, sa
frontière est l'Araóuari. En attendant, le Portugal
peupla le territoire contesté.

La colonie néanmoins continuait à se développer
lentement, mais sûrement. En 1716, on y introdui-
sit la culture du café. C'est la première de nos
colonies qui s'y livra. Aujourd'hui, c'est celle qui
en produit le moins. Vers 1730, on planta le cacao.

A cette époque, elle comptait 1 200 blancs,
5000 noirs, 2 000 mulâtres, ce qui, avec les
10 000 Indiens des réductions, donnait le chiffre
total de 18 000 habitants, chiffre actuel. En 1766,
la colonie produisait quatre fois plus de roucou,
trois fois plus de cacao, douze fois plus de coton,
deux fois plus de sucre qu'aujourd'hui.

Deux événements malheureux faillirent ruiner la
colonie et produisirent un désastre comparable à
un tremblement de terre. L'expulsion des jésuites

priva la colonie des deux tiers de ses travailleurs; l'expédition de Kourou ruina le crédit de Cayenne, qui fut dépopularisée en France. On comptait 100 000 Indiens dans notre territoire à la fin du siècle dernier; on en trouve à peine aujourd'hui quelques milliers, craintifs, errants, cachés dans les grands bois.

L'expédition de Kourou ne fut pas moins fatale. C'est le cinquième grand désastre des seigneurs quêtant fiefs. Cette fois, ces seigneurs s'appelaient Choiseul, Praslin et Turgot.

Choiseul, dans l'intention de refaire sa fortune, se fit donner par Louis XV le territoire entre Kourou et le Maroni, afin de le distribuer en fiefs aux cadets de sa famille qui deviendraient ses vassaux.

Le chevalier Turgot, frère du futur grand ministre, fut mis à la tête de l'affaire. On recruta, principalement en Alsace et en Lorraine, 15 000 malheureux qui ne furent d'ailleurs pas difficiles à recruter. On était au lendemain de la paix de 1763 et il suffit de raconter aux soldats licenciés que s'ils voulaient faire une fortune rapide, ils n'avaient qu'à s'enrôler pour l'expédition de Kourou.

On y allait comme à une fête.

« Un homme entre deux âges, raconte Pitou dans son *Voyage à Cayenne*, un homme, marié ou non, vend son bien, arrive à Rochefort pour s'em-

barquer et veut choisir une compagne de voyage.
Il rôde dans la ville en attendant que le bâtiment
mette à la voile. A onze heures, une jeune cuisinière vient remplir sa cruche à la fontaine de l'hôpital. Notre homme l'accoste et lui propose de
l'accompagner.

» — Monsieur, il faut nous marier.

» — Qu'à cela ne tienne ; entrons dans une
église ; nous n'avons pas besoin de bans ; les prêtres ont ordre de marier au plus vite tous ceux
qui se présentent pour l'établissement de Cayenne.

» Ils vont à Saint-Louis : un des vicaires ache-
vait la messe de onze heures ; les futurs se prennent par la main, marchent au sanctuaire, donnent
leurs noms au prêtre, sont mariés à l'issue de la
messe et s'en retournent faire leurs dispositions
pour le voyage.

» La cuisinière revient un peu tard chez son
maître, et lui dit en posant sa cruche :

» — Monsieur, donnez-moi, s'il vous plaît, mon
compte.

» — Le voilà, ma fille ; mais pourquoi veux-tu
t'en aller ?

» — Monsieur, c'est que je suis mariée.

» — Mariée ! et depuis quand ?

» — Tout à l'heure, monsieur, et je pars pour
Cayenne.

» — Qu'est-ce que ce pays-là ?

» — Oh! monsieur, c'est une nouvelle découverte; on y trouve des mines d'or et d'argent, des diamants, du café, du sucre et du coton, et dans deux ans on y fait sa fortune.

» — C'est bien, ma fille; mais d'où est ton mari?

» — De la Flandre autrichienne, à ce que je crois.

» — Depuis combien de temps avez-vous fait connaissance?

» — Ce matin à la fontaine; voilà mon extrait de mariage. »

Le chevalier Turgot était un homme vaniteux, superficiel et vide, selon les occasions, hautain ou rampant.

« On espéra, dit Rufz, corriger ce que ce choix avait de malheureux en adjoignant à Turgot pour intendant Thibaut de Champvallon, homme grave, doux et médiocre, auteur d'un petit livre sur la Martinique. »

Thibaut de Champvallon s'éprit de l'entreprise, mais il ne suffit pas de rêver à la gloire de fonder une colonie, il faut avoir le talent et le savoir nécessaires.

On ne trouve guère qu'une figure intéressante et sympathique parmi les chefs de Kourou : c'est

celle du chevalier de Préfontaine, qui, lui, passa
le reste de ses jours en Guyane, où il fonda une
exploitation magnifique, dont il nous a laissé le
plan dans son excellent livre de la *Maison rustique*.

Préfontaine eût pu peut-être mener à bien l'opération si on lui en avait confié la direction géné-
rale, et sans l'hostilité du gouverneur de Cayenne,
Béhague, qui par haine de Turgot, son ennemi
personnel, désirait hautement la ruine complète de
la colonie de Kourou.

Préfontaine débuta bien; il arriva avec deux
cents hommes à l'embouchure du Kourou, où Thibaut de Champvallon l'envoya tout d'abord.

Il inspecta les lieux, explora la rivière, fit faire
quelques défrichements et quelques baraquements.
Par malheur, le gouverneur Béhague contrecarrait
tout, et Préfontaine, absolument réduit à ses propres ressources, sans outillage suffisant, ne put
donner aux travaux une impulsion aussi vive qu'il
aurait été nécessaire. Du 14 juillet 1763, date de
l'arrivée de Préfontaine, au 22 novembre, date de
l'arrivée de Thibaut de Champvallon, il ne se fit
presque rien.

Préfontaine, prévoyant la fin lamentable de son
entreprise, essaya d'éclairer Champvallon; mais
celui-ci persista dans son optimisme, et Préfontaine
se retira.

L'intendant amenait avec lui 2 000 colons. Les défrichements et baraquements, insuffisants aux 200 premiers arrivés, ne pouvaient recevoir ce convoi. Mais les navires ne voulurent pas stationner davantage en rade et il fallut bien débarquer les émigrants. La plupart des bâtiments s'étant arrêtés à Cayenne, il fallait des barques pour les transporter à Kourou ; or Béhague ne donnait ni canots, ni matelots, ni pilotes. Ces difficultés furent surmontées. Le premier convoi s'installa tant bien que mal dans la plaine basse de Kourou.

Le premier mois, les émigrants n'eurent pas trop à souffrir.

« J'ai vu ce désert, dit un contemporain, aussi fréquenté que le jardin du Palais-Royal ; des dames à robe traînante et des messieurs marchant d'un pas léger jusqu'à l'anse, et Kourou offrit pendant un mois le coup d'œil le plus galant et le plus magnifique. »

Cependant, dans les quinze mois qui suivirent, 12 000 malheureux au moins moururent, dans les plaines de Kourou, de misère et de maladies.

Les convois se succédaient, l'encombrement se produisit, les provisions s'épuisèrent. Les premiers arrivés découragèrent les nouveaux venus. Personne ne voulut travailler. Commençant à entrevoir toute l'étendue de leur folie, mornes, assis sur les roches de Kourou, ils pleuraient en regardant du côté de la France.

Bientôt arriva l'hivernage, la fièvre sévit et avec elle la famine. Béhague triomphait et n'envoyait pas même une poignée de farine de manioc.

Dès lors toute autorité disparaît. Le désordre, le désespoir, et bientôt les crimes, les assassinats, les duels, les vols, le jeu, la mendicité, la prostitution, des cas de cannibalisme viennent mettre l'horreur à son comble.

Combien meurent tous les jours ? On ne les compte pas. Plus de registre, plus de police, rien de respecté : c'est l'hôpital dans l'anarchie et le délire.

Cette agonie de 12 000 malheureux dura toute l'année 1764.

On transporta aux îles nommées depuis, par antiphrase, îles du Salut, quelques centaines de malheureux atteints du typhus ; le typhus les y suivit et les y tua. On voulut embarquer à bord des vaisseaux les nouveaux arrivés, les commandants refusèrent de les accepter.

Champvallon, lui-même malade et désespéré, eut une idée singulière ; il fit jouer la comédie.

Choiseul, lui, fit partir en Guyane le chevalier Turgot, resté jusqu'alors, avec ses cent mille francs de traitement, à se pavaner dans les salons de Versailles.

Arrivé à Cayenne, Turgot, au lieu de se rendre
à Kourou, fit arrêter Thibaut de Champvallon, qui
fut embarqué pour la France en janvier 1765. Il y fut
accusé d'incapacité et de malhonnêteté. L'affaire en
resta là, et depuis cette époque la Guyane fut
réputée en France une contrée inhabitable pour les
blancs.

En 1766 le ministre Praslin recommença, sur une
petite échelle, l'expédition de Kourou. Il fonda
une compagnie officielle pour installer à Toné-
grande 80 soldats congédiés, pour être employés
à la culture. Au bout d'un an, ils étaient tous morts.
Cette expédition, aussi follement conduite que la
précédente, avait coûté 800 000 livres.

Alors arrivèrent en Guyane deux hommes qui
eurent une grande influence sur les destinées du
pays ; ce sont l'administrateur Malouet et l'ingénieur
Guizan.

Malheureusement ils détournèrent les colons
du défrichement des mornes et leur démontrè-
rent que la culture des terres basses serait beaucoup plus rémunératrice. Le fait était vrai en
lui-même, mais ces deux hommes habiles ne pouvaient prévoir l'affranchissement subit des noirs ;
or la culture en terre haute, café, tabac, épices,
roucou, peut être faite par des Européens petits
propriétaires et n'exige qu'un petit capital, tandis

que la culture en terre basse, le coton et la canne, demandent de grandes fortunes.

Avant 1789, nous relaterons une seconde tentative de Bessner, au Cachipour cette fois. Mêmes espérances fantastiques, même déconfiture. Les nouveaux actionnaires furent ruinés comme les premiers. Mais, du coup, Bessner mourut (1785).

En 1788, un certain sieur de Villebois tente la colonisation de l'Approuague et réussit comme ses prédécesseurs.

En 1791, même tentative au Ouanari par la compagnie guyanaise du Sénégal; même succès.

Malgré les folles entreprises d'utopistes ignorants, la colonie était prospère en 1789. Il n'est pas sans intérêt de dresser son bilan, afin de bien se convaincre que, depuis, elle n'a jamais été aussi riche.

La Guyane française comptait alors 2 000 Français, 2 000 mulâtres libres, 2 000 Indiens civilisés, 12 000 esclaves nègres, soit 18 000 individus travaillant.

Le commerce atteignait le chiffre de 2 millions de livres, d'une valeur actuelle locale d'au moins 10 millions de francs.

L'émancipation inaugura de nouvelles époques, qui furent celles de la décadence.

La loi d'émancipation des esclaves ne fut promulgée dans la colonie que le 14 juin 1794. C'était chose grave que de supprimer brusquement l'institution qui, pendant un siècle et demi, avait fait la fortune de nos colonies. Ce qui était plus grave encore, c'était de faire, des esclaves de la veille, les maîtres du lendemain.

Les nègres, toutefois, ne pensèrent pas à user de suite de leurs droits politiques. Ils se bornèrent à déserter en masse les ateliers, à brûler quelques habitations et à assassiner quelques planteurs; puis ils se dispersèrent tout le long de la côte, derrière les palétuviers du rivage, vivant de chasse, de pêche et de fainéantise comme dans le doux pays natal. La famine s'ensuivit naturellement.

Les 13 000 esclaves libérés ne voulaient pas travailler, et la Guyane, pendant huit ans, ne produisit rien, pas un boucaut de sucre, pas une carotte de tabac.

La première phase de la Révolution, la première Liberté, comme on dit à Cayenne, n'avait vu s'accomplir rien de bien remarquable dans la colonie. La famine était permanente, les proscrits politiques mouraient ou écrivaient leurs mémoires; les créoles blancs, ruinés, émigraient ; les nègres, éparpillés dans les bois, vivaient à l'africaine, et les délégués de la Convention, du Directoire et du Consulat constataient l'impuissance des décrets à faire l'impossible.

L'esclavage fut rétabli peu après, en 1802, mais les *noirs*, redevenus *nègres*, et les *hommes de couleur*, redevenus *mulâtres*, se cachèrent dans les bois, où le décret ne put les aller chercher. Quelques-uns, qui mouraient de faim, vinrent se présenter à leurs anciens maîtres; mais les planteurs, connus pour brutaux et cruels, ne retrouvèrent pas un de leurs hommes.

Les ateliers recommencèrent à fonctionner avec 4 ou 5000 esclaves au lieu de 14000. On eut, petit à petit, recours à la traite, qui, au bout de vingt ans, avait remis les ateliers sur le pied primitif.

L'Empereur, qui avait eu d'abord la pensée de créer en Guyane un établissement agricole de blancs, fut forcé d'y renoncer et y envoya un agent, Victor Hugues, qui transforma les habitants en pirates. Cet état de choses dura huit ans pendant lesquels l'or et l'argent abondèrent dans la colonie.

Mais les Portugais vinrent assiéger le nid de corsaires et Victor Hugues ne put que stipuler la remise de la colonie aux Portugais.

Quand, en 1817, la Guyane nous fut remise, un besoin impérieux se fit sentir, le besoin de bras. Il fallut recourir à la traite et à toutes les émigrations.

De nombreux et piteux échecs couronnèrent ces entreprises. Nous ne les raconterons pas, car la plupart furent surtout ridicules.

La colonie était loin de prospérer. L'Angleterre avait interdit la traite en 1836. Depuis, les ateliers se vidaient. De nouveaux arrivés ne comblaient plus les vides occasionnés par la mort. Une crise commerciale avilissait le prix des denrées d'exportation. Les entreprises languissaient, les plantations se maintenaient à peine et s'endettaient.

Ce fut dans ces circonstances malheureuses que la métropole porta un coup terrible à la colonie. L'esclavage fut aboli en 1848. Cette émancipation ruina à peu près totalement les planteurs. Les colons ruinés vécurent en vendant leurs bijoux, en se faisant petits fonctionnaires, en recourant aux expédients.

Cette période de marasme et de désespoir ne devait pas durer longtemps. Trois événements vinrent bientôt inaugurer la nouvelle époque, l'époque de l'or. Ces trois événements sont la transportation, l'immigration asiatique et la découverte des placers.

Nous avons déjà parlé de la transportation; nous n'y reviendrons pas et nous passerons à l'immigration des coolies asiatiques.

De 1854 à 1869, les colons demandèrent des émigrants à l'Afrique. On les recruta sur la côte de Kron, à Liberia, au Dahomey, au Gabon, mais bientôt ce mode de recrutement fut interdit et l'on en fut réduit à demander à l'Angleterre la permission de faire la traite des Hindous.

Il ne s'agissait que d'Aryas, de Dravidiens ou de Kouschites ; l'Angleterre comprit que ce serait pour elle une bonne opération. En nous vendant ses Hindous des castes dégradées, elle débarrassait l'Inde de l'exubérance de sa population, de la lie de ses castes, et ne donnait en même temps à nos colonies qu'une population faible et rachitique.

Et encore, au bout de treize ans, en 1874, quand elle vit qu'on avait tout de même trouvé moyen d'utiliser les parias et que cette engeance valait pour nous encore mieux que rien du tout, son but envieux n'étant pas atteint, sous prétexte de mauvais traitements infligés à ses sujets, elle nous ferma les ports de l'Inde. Trois mille coolies avaient été introduits dans la colonie.

Depuis 1880, nous avons aussi amené quelques centaines d'Annamites. L'immigration asiatique eût pu rendre de sérieux services, si la fièvre de l'or ne s'était emparée de la colonie.

Des efforts sont faits actuellement pour attirer l'immigration chinoise, si utile, mais si périlleuse. Douze ou quinze Chinois établis à Cayenne menacent déjà d'accaparer tout le commerce de la place.

Il reste une immigration à laquelle personne ne paraît plus penser, c'est l'immigration blanche. La Guyane est parfaitement habitable pour l'Européen. Les causes qui ont fait échouer les diverses entreprises de colonisation par les Français sont connues. Nous voudrions que la colonie fût utile à nos compatriotes.

Que la France, que d'intelligents capitalistes, industriels, entrepreneurs, de puissantes sociétés bien montées, transplantent dans ces belles terres de Guyane, aménagées dans ce but, ceux des pauvres et des courageux du vieux pays qui voudront, la hache et la charrue dans les mains, venir conquérir dans ces terres nouvelles, la véritable indépendance, la véritable liberté ; l'aisance et peut-être la richesse.

Les placers. — En 1854, un ouvrier des mines d'or de Minas-Geraes, Indien brésilien, appelé Paulino, découvrit des pépites en arrachant de la salsepareille dans une crique du haut Approuague.

Un coolie qui l'accompagnait dans son voyage, l'aida à fabriquer les rudimentaires appareils encore aujourd'hui en usage dans la colonie pour l'extraction de l'or des alluvions des rivières.

Paulino ne savait pas notre langue. Un honnête homme, qui était un homme de valeur, Prosper

Chaton, ancien consul de France a Para, traduisit
en français le petit rapport du Brésilien. Mais au
lieu de s'associer avec Paulino, songeant à faire la
fortune de la colonie avant de songer à la sienne
propre, il courut informer le gouverneur local.
Chaton mourut pauvre, après avoir dédaigné
vingt fois la fortune.

Ce fut un vieux blanc créole, d'une des plus ho-
norables familles de la colonie, M. Félix Couy,
qui exploita le premier les placers, de concert avec
Paulino. Le premier placer de la colonie fut celui
de l'Arataye, dans le haut de l'Approuague. Couy
y fut assassiné et, peu après, Paulino mourut à
l'hôpital de Cayenne, dans le dénûment.

Ce n'est pas à des gens comme Chaton et Couy que
la fortune réserve ses faveurs. Quelques vauriens
sans conséquence, un portefaix, un charbonnier,
un maçon, un tonnelier, un palefrenier, mirent
tout d'abord la main sur quelques millions. Successivement les criques de l'Approuague, du Ouanari, de l'Oyapock, de l'Orapu, de la Comté, du
Kourou, du Sinnamary, de la Mana et du Maroni
furent fouillées, tournées et retournées en tous
sens. Des sommes énormes furent englouties dans
ces recherches. La population tout entière émigra
aux placers, où une très petite partie gagna de
l'argent et où une bien plus forte se ruina.

A quoi tout cela a-t-il servi ? A avilir l'ancienne population et à en amener une autre encore plus méprisable, à tuer toute agriculture et toute industrie, et à faire renchérir le prix de la nourriture, des logements et des objets de première nécessité à un prix monstrueux ; à faire mourir quelques milliers de jeunes gens dans la forêt.

Qu'a-t-on fait des 50 ou 55 millions d'or extraits des alluvions ? La plus grande partie a été dépensée en extravagances ou en nouvelles recherches : l'autre a été placée en France en rente sur l'Etat, par cinq ou six Crésus d'occasion.

En somme, la colonie a été ruinée. Le plus clair de sa richesse, le capital emmagasiné en terres cultivées, instruments de culture, appareils industriels, a disparu. L'or trouvé au placer y est retourné et a été incorporé aux boues des criques sous forme de recherches infructueuses.

Arrêtons-nous ici après avoir montré la transportation inutilisée, les placers nuisibles, l'immigration gaspillée. Après deux siècles d'efforts, 30 000 Français et 300 millions dépensés, pouvons-nous dire que nous avons créé une Guyane française ?

L'avenir ne naîtra prospère que lorsque la colonie se sera elle-même régénérée par le travail, la culture, le commerce. Toute autre forme de richesse est trompeuse. La Guyane a besoin d'être régénérée par les efforts d'hommes nouveaux et nous pensons sincèrement que seul le sang blanc français est capable d'opérer ce miracle.

La Guyane pourtant est un des pays les plus riches du monde. C'est ce que nous allons démontrer dans le chapitre suivant.

IV

LES RICHESSES DE LA GUYANE FRANÇAISE.

La forêt, les savanes, les cultures et les mines
constituent les diverses formes que prennent les
richesses de notre colonie sud-américaine. Nous
étudierons successivement ces quatre branches
principales de richesses.

LA FORÊT. — La forêt est doublement précieuse,
par ses bois et par ses produits.

Ses 260 essences n'ont pas de rivales dans le
monde. Ses bois de dernière qualité, sont encore
supérieurs à nos peupliers d'Europe, ceux de
première qualité sont les plus beaux que l'on con-
naisse.

Les bois de la Guyane, présentent toutes les
qualités imaginables, de dureté ou de souplesse,
de résistance ou d'élasticité, de brillant et de poli.
Ses bois précieux, sont un des chefs-d'œuvre de la
création. Quelques-uns offrent un parfum plus
délicat que les plus suaves aromes, les autres des

La forêt vierge en Guyane,

couleurs plus belles que celles des plus beaux marbres. Blanc de lait, noir de jais, rouge, rouge de sang, veiné, marbré, satiné, moucheté, jaune sombre, jaune clair, bleu de cobalt, bleu d'azur, vert tendre, toutes les couleurs de la palette ont été mises à contribution par la nature. Un hectare de bois dans la Guyane française, pourrait fournir les éléments de la plus admirable mosaïque que l'on ait encore jamais vue.

Il ne faut pas oublier que la France ne possède que 25 essences et que les 260 que l'on connaît en Guyane, ne représentent qu'une partie de la collection complète. En 1860, Agassiz remarquait à Para, dans une exposition des produits de l'Amazonie, une collection de 117 espèces de bois de couleur, abattus sur un espace de moins de 75 hectares.

A une époque où le bois commence à manquer, où l'Europe est obligée de reboiser ses montagnes dénudées, n'est-il pas temps de se demander quelle sera la région, quel sera le peuple qui vont maintenant fournir le bois nécessaire à la consommation ? Il s'agit de grands intérêts, puisque la France seule importe pour 200 millions de bois par an et l'Europe entière pour plus d'un milliard. Il semble que les innombrables cours d'eau de la Guyane française, n'attendent que l'installation de quelques scieries, pour fournir à l'Europe des millions de stères de bois.

Les magnifiques essences de la grande forêt coloniale constituent une des grandes richesses, richesse frappante, palpable de la contrée. C'est une estimation bien modérée que d'attribuer 1 oco francs de bois à chaque hectare de forêt, et cette évaluation porterait à 10 milliards de francs la valeur totale des bois de la Guyane française, dans ses limites d'aujourd'hui.

Ailleurs, les travaux de défrichement, sont extrêmement coûteux et causent parfois la ruine des entreprises les mieux conçues ; dans la Guyane les travaux de défrichement consistent à débarrasser le sol de quelques milliards de francs qui gisent à la surface et empêchent la culture.

Mais il y a dans la forêt, autre chose à utiliser que les bois rares et précieux, réservés par la patiente économie des siècles, à l'ébénisterie, à la construction navale, au charronnage, à la charpente, et à tous les usages civils.

La forêt produit : elle produit tous les ans ou même plusieurs fois par an. On peut utiliser la forêt sans la détruire. Les produits de la forêt, produits spontanés, réguliers et certains, sont aussi riches que variés. Le grand bois donne en abondance au chercheur qui parcourt ses espaces, des produits alimentaires, oléagineux, médicinaux, résineux, aromatiques, tinctoriaux et textiles.

On n'a pas encore assez insisté sur l'extrême importance des produits forestiers, dans cette région tropicale. Nous croyons même pouvoir dire que cette importance n'a jamais frappé personne dans notre Guyane. Cependant, la forêt donne annuellement, elle donne en abondance, sans culture et sans danger, au colon ayant pour tout capital ses deux bras.

Parmi les produits alimentaires, elle donne : le cacao sauvage, le caféier, l'arrowroot, le touka; parmi les oléagineux : l'aouara, toutes les graines de palmier, le carapa, le ouabé, le caumou; parmi les produits médicinaux : la salsepareiile, le quinquina, le gayac, le sassafras, le tamarin, le copahu et l'ipéca; parmi les résineux : le caout-chouc et les autres ficus, les gommiers, etc.; parmi les aromates : l'aloès, le bois de rose, l'arbre à l'encens et la vanille; parmi les produits tinctoriaux : l'indigo sauvage, les bois de teinture, dits bois des îles; pour la tannerie : les palétuviers et les chênes; parmi les textiles : le maho, le balou-rou, l'arrouma, le moucoumoucou, la pite.

Pour utiliser ces richesses, pas n'est besoin d'une longue patience, d'un outillage compliqué d'une dispendieuse installation. Il n'y a qu'à se baisser et à prendre ; on peut ramasser le bien-être dans les forêts de la Guyane, comme on cueille des marguerites dans nos prairies. Ce ne sont pas de riches industriels que ces Tapouyes qui, tous les ans, sur la place de Para, envoient pour 100 millions de caoutchouc et 10 millions de cacao, richesses qu'ils ont dérobées à la forêt inépuisable et prodigue.

PRODUITS FORESTIERS.— Les produits forestiers de la Guyane sont innombrables. Ils présentent la variété la plus grande, pouvant répondre à tous les besoins. Produits alimentaires, oléagineux, médicinaux, résineux, aromatiques, tinctoriaux, textiles, abondent dans cette colonie.

PRODUITS FORESTIERS ALIMENTAIRES.—Ceux-là sont de deux sortes: les produits forestiers alimentaires ligneux et les produits forestiers alimentaires herbacés.

Parmi les arbres qui fournissent, en Guyane, des produits alimentaires, nous citerons :

Les *palmiers*, au nombre de 25 ou 30 variétés. Chacun de ces arbres donne sa graine, dont on mange soit la pulpe extérieure, soit l'amande, soit les deux produits.

Les palmiers fournissent un mets excellent, le chou palmiste, qui atteint parfois la longueur d'un mètre et la grosseur de la cuisse. C'est la ressource classique du voyageur égaré dans les bois.

Le *cacaoyer sylvestre.* — Très répandu aux Tumuc-Humac. Ses fruits sont un peu plus amers que ceux du cacaoyer cultivé, mais un procédé de raffinage fort simple, bien connu des Brésiliens du Para, enlève tout goût d'amertume au chocolat du cacaoyer sylvestre.

L'exploitation de ces arbres en Amazonie, se solde annuellement sur la place de Para par une somme de dix millions de francs.

L'*arrowroot.* — Son nom, qui est formé de deux mots anglais, dont l'un veut dire flèche et l'autre racine, lui vient de ce que les Indiens attribuent au suc de la racine qui produit cette fécule, la propriété de guérir les blessures faites par les flèches empoisonnées.

L'arrowroot constitue un aliment léger, et, à ce titre, on le recommande aux enfants et aux convalescents. Cette fécule entre aussi dans les mets sucrés; dans les potages, elle peut remplacer le tapioca et le sagou. L'arbrisseau aquatique qui le produit, et qui est une marontacée, est fort répandu en Guyane.

Le *Touka* est un des plus beaux arbres des régions tropicales. Les cabosses qu'il produit, font l'objet d'un important commerce. Ces cabosses, grosses au moins comme le poing, atteignent parfois une grosseur double. Leur enveloppe, extrêmement dure, renferme de une à deux douzaines d'amandes exquises, aussi fines que nos meilleures noisettes et que les amandes de Provence les plus renommées. Chaque arbre peut produire un revenu annuel de 20 à 50 francs.

Le *Canari-Macaque* (Marmite de singe). — Cet arbre produit des fruits ressemblant à une petite marmite, qui contiennent, les uns des amandes d'un goût fort agréable, les autres une espèce de confiture qui est comme le miel de la forêt.

Le *Balata*. — On nomme ainsi le petit fruit du grand arbre de même nom. Il est gros comme une petite prune et son goût rappelle celui de la pêche.

Citons enfin les *mombins*, qui produisent une prune très goûtée, et la *carambole*, fruit du carambolier, dont le goût se rapproche énormément de celui de la prune d'Europe.

PRODUITS FORESTIERS ALIMENTAIRES HERBACÉS.—Les principaux de ces produits sont : l'*ananas sauvage*, dont le goût ne le cède en rien à l'ananas cultivé ; la *marie-tambour*, fruit d'une liane d'un goût délicat et parfumé, le *couzou* qui ressemble à la marie-tambour, mais qui, au lieu d'être gros comme une noix, a la dimension d'un œuf, et l'*oyampis*, qui est un couzou plus gros qu'une orange.

PRODUITS FORESTIERS OLÉAGINEUX LIGNEUX. — Ce sont les *palmiers*, au nombre de vingt ou trente espèces, l'*aouara du pays*, qui produit une huile absolument semblable à celle du palmier africain ; le *caumou*, qui donne une huile blanche, propre à l'alimentation, à l'éclairage et à la savonnerie ; le *carapa*, dont les deux variétés, le rouge et le blanc, donnent des fruits oléagineux. Ces fruits, de la grosseur du poing, laissent échapper à maturité, de février à juillet, une grande quantité d'amandes amères qui donnent une forte proportion d'huile. Cette huile brûle sans fumée avec une belle flamme ; elle est précieuse pour la saponification. De plus, elle préserve de la piqûre des vers et des insectes les bois qui en sont enduits.

PRODUITS FORESTIERS OLÉAGINEUX HERBACÉS. — Le *ouabé* est une liane dont le fruit ressemble à celui du carapa. Les trois amandes qu'il renferme, contiennent une si grande quantité d'huile, qu'en les présentant au feu elles s'enflamment d'elles-mêmes. Cette huile est à la fois comestible et siccative.

PRODUITS FORESTIERS MÉDICAUX. — Parmi les plantes médicinales dont les propriétés sont les mieux connues en Europe, la Guyane possède le copahu, le sassafras, le ricin, le tamarin, le papayer, la salsepareille, l'ipéca. Toutes sont très communes et rien ne serait plus facile que de réaliser des bénéfices sérieux dans une industrie destinée à prendre un grand développement.

PRODUITS FORESTIERS RÉSINEUX (Gommes, résines, baumes, tous ligneux). — Le *caoutchouc*, connu de tout temps des Indiens, qui le nommaient *siringa*, a été pour la première fois décrit par Lacondamine à la suite de son voyage de l'Amazone en 1745.

Cinquante plantes différentes donnent des gommes plus ou moins analogues au caoutchouc. Le meilleur est produit par le *siphonia elastica* de l'Amazone, très répandu dans les îles et sur les rives des fleuves. Chaque arbre peut donner 5 litres de lait, soit 3 kilogrammes de caoutchouc, à 10 francs le kilo, soit 30 francs par pied. Ce caoutchouc est des plus estimés.

L'arbre a 20 mètres de hauteur, sur un mètre de diamètre à la base, l'écorce en est grisâtre et le bois blanc. Sa graine a le goût de la noisette. Voici ce qu'en dit Faxe-Aublet :

« Pour peu qu'on entaille l'écorce du tronc de cet arbre, il en découle un suc laiteux, et quand on veut en tirer une grande quantité, on commence par faire au bas du tronc une entaille profonde qui pénètre dans le bois. On fait ensuite une incision qui prend du haut du tronc jusqu'à l'entaille, et, par distance, on en pratique d'autres

La récolte du caoutchouc.

latérales et obliques, qui viennent aboutir à l'incision longitudinale.

» Toutes ces incisions ainsi pratiquées, conduisent le suc laiteux dans un vase placé à l'ouverture de l'entaille. Le suc s'épaissit, perd son humidité et devient une résine molle, roussâtre et élastique. Lorsqu'il est très récent, il prend la lorme des instruments et des vases, sur lesquels on l'applique couche par couche. On fait sécher à mesure en exposant à la chaleur du feu. Cette couverture peut devenir plus ou moins épaisse, elle est toujours molle et flexible.

» Si les vases sont en terre glaise, on introduit de l'eau pour la délayer et la faire sortir, si c'est un vase de terre cuite, on le brise en petits morceaux : c'est la façon d'opérer des Garipons. — Les Indiens savent aussi utiliser en torches, la gomme résine du caoutchouc. »

Le *Balata franc ou saignant.* — C'est l'arbre qui donne la gutta-percha. Malheureusement le lait se concrète et ne coule pas en abondance, ce qui rend l'exploitation peu lucrative.

PRODUITS FORESTIERS AROMATIQUES. — La forêt est riche en aromates. Les plus fameux parmi les arbres, sont l'arbre à l'encens et le bois de rose.

L'*arbre à l'encens* est généralement très commun dans les forêts de la Guyane et dans certains cantons il vit presque en famille. Il pourra être, comme le caoutchouc, exploité de suite, sans faire de plantations. Son encens, appelé résine élémi, est récolté, en fort petite quantité il est vrai, par les créoles qui vendent cet encens aux églises de la colonie qui, toutes, en font usage. Cet encens brut, peut rivaliser avec les meilleurs encens connus.

Le *bois de rose*, et particulièrement le rose femelle, fournissent par la distillation de leur bois une grande quantité d'essence de rose absolument semblable à celle de l'Orient. Le rose femelle est commun dans la forêt et la matière première ne manquerait point à une usine qui s'établirait dans la colonie pour la fabrication de l'essence précieuse.

Parmi les produits forestiers aromatiques herbacés, nous ne citerons que la *vanille*.

La *vanille* n'est pas rare dans l'intérieur. Au plus profond des grands bois, on la voit le long des rivières, tomber en guirlandes de la cime des grands arbres au niveau de l'eau.

La cueillette est difficile, parce que les gousses se trouvent généralement à la cime des arbres, d'où elles reçoivent plus directement les influences de la lumière et du soleil. Cependant, il n'était pas jadis de nègre ou d'Indien qui ne revînt du grand

bois sans sa provision de gousses de vanille enle-
vées ainsi à la gourmandise des singes et des oiseaux. Car la nature accomplit dans les forêts de
la Guyane ce que la main de l'homme est obligée
de faire dans les vanillères : la reproduction.

La vanille des bois, appelée vanillon dans les
colonies, est moins prisée que la vanille cultivée,
mais une bonne préparation peut la mettre à la
hauteur de l'autre.

PRODUITS FORESTIERS TINCTORIAUX ET TANNERIE.
— Le plus connu et le plus commun des arbres
tinctoriaux de la Guyane est le *génipa*. Les
Indiens le connaissent depuis fort longtemps, car
toutes les tribus l'emploient en même temps que
le roucou. C'est le jus de son fruit qu'on utilise.
Ce jus, d'abord bleu clair, devient ensuite tellement noir qu'on peut s'en servir pour encre.

L'herbe à indigo ou *indigo sauvage* est une plante
commune dans les terres basses et marécageuses. On
coupe quelques brassées d'herbe, on les soumet à
la préparation et on en retire une belle teinture.
Ce produit sauvage n'est guère inférieur à l'indigo du Bengale.

Tannerie. — En Guyane, les côtes de l'Océan,
les bords des rivières et l'intérieur des terres, présentent en grande abondance un arbre précieux
à divers titres : le *palétuvier*. Une des propriétés

les plus remarquables de cet arbre est son extrême richesse en tannin.

Le palétuvier grand bois, le palétuvier montagne, sont au nombre des essences les plus riches en tannin, mais l'écorce du palétuvier rouge en contient six fois plus que celle du chêne.

PRODUITS FORESTIERS TEXTILES. — PAPIER, TANNERIE, SPARTERIE. — Tous les *palmiers* sont textiles. Par leurs fils, leurs filaments, ils sont propres à la fabrication de tous les objets de vannerie et de sparterie. Ils fournissent des cordes et des cordages, en même temps que des tissus, des plus grossiers aux plus fins. Leur fibre peut encore fournir d'excellente pâte à papier.

La décortication des fibres, en vue de leur utilisation comme textile, est des plus simples et accessible aux petits capitaux. On peut en tirer aussi des chapeaux aussi fins que ceux de Panama. Les pagnes, dits de Madagascar, dont les élégantes font des chapeaux, sont tirés des fibres du palmier.

Les Indiens connaissaient parfaitement les divers usages de cet arbre précieux. C'est des fibres du bâche, que les Mayés tiraient le fil dont ils se servaient pour fabriquer leurs fameux hamacs, d'autres tribus utilisaient le conana, l'aouara, le maripa, le paripou, le caumou, le pataoua, le moucaya, le pinot, le sampa, le palmiste, etc., etc.

Les *maho*. — Les six variétés de maho ont une écorce textile capable de remplacer le chanvre ; mais le meilleur est le petit maho.

L'*Arrouma* a deux variétés : la rouge et la blanche. Il atteint la hauteur de quatre mètres et pousse en éventail de longues feuilles à fortes côtes. Les feuilles, que l'on divise avec les dents en lanières minces comme une feuille de papier, sont textiles. Les Indiens en font des corbeilles, des hottes, des éventails, des nattes ou tapis, des paniers ou autres ustensiles de vannerie.

Citons encore la *Pite*, qui ressemble à l'ananas, et qui est le véritable chanvre du pays. Au Para, les Tapouyes et des Brésiliens en font des bas et des gants. L'Espagne la cultive pour en faire de la dentelle.

LES SAVANES. — Quand on sort de la forêt, c'est pour rentrer dans la *Savane*.

La savane, soit dans les terres basses, soit dans les terres hautes, est peu herbue. Les graminées qui la couvrent sont clairsemées et de peu de hauteur. Parfois, l'herbe est fine et tendre, mais le plus souvent grosse et rugueuse. La qualité de l'herbe dépend principalement de l'aménagement des eaux. Avec quelques travaux d'irrigation et de drainage, quelques semis de bonnes herbes, les plus mauvaises savanes se transformeraient rapidement en excellents pâturages.

La savane se présente généralement sous la forme d'une longue vallée ou d'un long coteau enchâssé dans la forêt. Ainsi de longs rubans de savanes, rayés de rivières encore inconnues, se déroulent entre l'Oyapock et l'Amazone, dans la Guyane indépendante.

L'immense route herbeuse des grands bois s'étend parfois sur plusieurs centaines de kilomètres de longueur, mais le plus souvent sa largeur n'est que de quelques kilomètres.

Les savanes sont loin d'offrir un aspect uniforme. Elles présentent environ neuf aspects différents. On distingue les savanes noyées, les hauts pâturages salés, les savanes tremblantes, les pripris ou pinotières, les savanes basses, les savanes moyennes, les savanes sèches ou savanes hautes, les hauts pâturages secs et enfin, les prairies artificielles.

1º Sur le bord de la mer, dont le flot atteint directement leurs herbes, ou derrière le rideau de palétuviers qui borde la rive, se trouvent dans maint endroit de la côte des prairies basses, que le flot marin couvre de quelques pieds d'eau, pendant la plus grande partie de l'année.

Dans ces *savanes noyées* ou *bas pâturages salés*, poussent les herbes aquatiques et s'ébattent les oiseaux d'eau. Le fond en est ferme; on peut généralement y chasser sans danger, si on ne répugne pas à entrer au besoin dans l'eau, jusqu'à mi-corps. Des boas constrictors, appelés modestement couleuvres dans le pays, sont les paisibles dominateurs de ces espaces marécageux, qui ne présentent actuellement, d'autre utilité et d'autre emploi que la chasse aux oiseaux aquatiques qui y vivent en quantités innombrables.

2° Les *hauts pâturages salés* forment des espèces de petits plateaux dominant les anses. Ils sont formés d'un sable aride, brûlant pendant l'été, et couvert pendant les pluies, de plusieurs graminées et légumineuses, recherchées par le bétail. Le chiendent, la gesse, le mélilot y sont communs.

3° Le problème des *savanes tremblantes* ne peut être étudié sans péril que par voie d'induction. Qu'on s'imagine derrière les eaux presque permanentes des savanes noyées, dont elles sont généralement séparées par un cordon de palmiers bâches et d'arroumans, des terres grasses, détrempées par les eaux d'infiltration, et formées principalement, par la décomposition d'herbes marines, alternativement chauffées par le soleil et inondées par les eaux du voisinage.

La terre, meuble et friable, n'offre aucune consistance ; ce n'est que de la boue à moitié liquide,
de la vase molle, de deux mètres d'épaisseur, dans
laquelle le pied enfonce jusqu'à ce qu'il ait trouvé
la couche d'argile.

Pas de pied assez léger pour parcourir ces
périlleux espaces, où l'on creuse son tombeau sous
ses pas. Une épaisse végétation d'herbes luxurian-
tes, mais de mauvaise qualité, couvre ces abîmes,
comme pour rassurer le chasseur, lancé à la poursuite des oiseaux d'eau, et attirer, par la belle
verdure et la fraîcheur d'une herbe abondante, le
bétail qui s'enlisera et périra embourbé.

4ⁿ La savane que l'on appelle *pripri* ou pinotière,
du nom du palmier qui en borde les rives et en
peuple les îles, tient à la fois de la savane noyée
et du llano. Le fond en est argileux et au-dessous
du niveau de la mer.

Pendant l'hivernage, le débordement des criques,
les infiltrations sous-marines, couvrent de un à
deux mètres d'eau la prairie disparue. Des herbes
aquatiques, avec des gazons flottants, nourrissent
des milliers d'ibis, de flamants et d'aigrettes.

Par la rivière et par les canaux d'infiltration
sont arrivés en foule, dans l'aquarium improvisé,
les poissons des montagnes et les poissons de la
haute mer. Porcs et volailles viennent se désalté-

rer sur les bords du lac et happer, quand ils peuvent, les petits poissons de la rive.

Mais ces chasseurs sont eux-mêmes guettés par de redoutables ennemis : le caïman, long de quinze pieds, qui fait brusquement surgir au-dessus de l'eau sa tête hideuse; la gigantesque couleuvre, qui cache son corps monstrueux dans la boue, la tête aux aguets.

L'été venu, une herbe fine, mais plus ou moins rare, pousse dans le lit du lac desséché qui, par endroits, ne produit pas un brin d'herbe, présentant sur des kilomètres de développement l'aspect blanc et poussiéreux d'une place publique non empierrée.

Le colon parcourt à pied sec son lac évanoui, qui réapparaîtra aux pluies suivantes, si personne ne canalise les rivières et ne draine les savanes noyées de la côte. Le colon, qui habite aujourd'hui le bord des pripris, serait désespéré que personne aidât la nature dans la formation de cette terre inachevée. Il a, dans son lac artificiel, un réservoir de poissons tellement bien fourni, que, dès que les eaux commencent à baisser, il pêche ses prisonniers à la pelle, quitte à tuer les plus gros avec son sabre d'abatis.

5° Les *savanes basses*, communes le long des rivières, dans les régions moyennes, sont de vrais marais à fond de sable, où poussent la fétuque flottante, le paturin et les joncs.

6° Les *savanes moyennes*, ne sont plus des marais, mais ne sont pas encore des coteaux et des plateaux. Elles ne sont ni trop humides, ni trop sèches, et sont immédiatement utilisables.

7° Les *savanes sèches* ou *savanes hautes*, commencent aux altitudes moyennes, à une dizaine de mètres au-dessus du niveau des plus hautes marées et à 10 ou 15 kilomètres du littoral.

Ce sont généralement de petits dos de terrain, que les plus fortes pluies sont impuissantes à inonder complètement. C'est le pays d'élection pour l'élevage qui, là, peut s'entreprendre de suite avec des travaux d'aménagement presque nuls.

Et, par bonheur, ces longs coteaux, terrains en dos d'âne, sont les plus répandus dans la région des herbes. D'innombrables rivières traversent ces prairies, les divisant, grâce aux rideaux de palmiers et de grands arbres, qui ombragent les criques, en autant de compartiments naturels. Chacun de ces compartiments porte un nom distinct dans la grande savane.

La petite prairie est elle-même semée de petits bouquets de palmiers, squares étranges, murailles et chalets de verdure, où les bestiaux se réfugient au moment des grandes ardeurs du soleil. Ils y mangent les graines tombées au pied du maripa et de l'aouara, et y boivent l'eau claire de quelque trou de roche.

De petits îlots boueux, surgis par merveille du niveau uniforme de la prairie, pendant les mois où la savane est mouillée, servent de refuge et de forteresse au troupeau et au berger qui y peuvent braver les caïmans et les couleuvres.

Ces savanes hautes ou savanes sèches, reposent sur un lit de granit et sont formées d'une légère couche de sable, mêlée à une petite quantité de terre végétale, détritus de plantes qui ont pourri sur le sol.

Le sable a été jadis à nu, la savane a eu sa naissance et sa croissance, dont les géologues n'ont pas encore expliqué les lois. A l'époque où le sable était à nu, les vents, en le promenant sur les roches, finirent par creuser, par raviner le granit, et aujourd'hui, quelques-unes de ces savanes ont un aspect bosselé, déchiré, déchiqueté, qui rappelle la dune saharienne en formation.

Le plus dangereux habitant des savanes hautes, est une herbe dure, envahissante, parasite, la *cauche élevée* ou herbe à balai, qu'il faut brûler tous les étés, sous peine de la voir s'emparer de toute la prairie. Il serait plus simple de la sarcler et de l'arracher une seule fois.

On brûle les endroits qui en sont infestés, préférant courir le risque d'incendier la savane entière, ce qui arrive assez souvent.

Le désastre est d'ailleurs réparé par les huit mois d'hivernage. Cette mauvaise herbe détruite, on retrouve la savane peuplée de ses herbes préférées, le chiendent, les fétuques, les paturins, foin véritable, nourriture aussi bonne que l'herbe du Para, laquelle se vend aujourd'hui 25 francs les 500 kilos sur la place de Cayenne.

Ce sont des savanes sèches, que les fameuses savanes d'Inacoubo, Sinnamary, Ouassa, Counani et Mapa. Il n'y a qu'à tracer quelques rigoles pour le drainage et l'irrigation, sur les quelques herbes dures, semer quelques graines d'herbes fines, faire des hangars, des parcs et des barrières, et au bout de six mois, chaque hectare de ces savanes est en état de nourrir deux têtes de bétail.

C'est dans les savanes sèches, que le colon devra porter immédiatement son industrie. Situées à quelques kilomètres seulement de la rive de la mer, dont elles ne sont séparées que par quelques savanes noyées ou quelques pripris, elles seraient aisément abordables par les rivières, en attendant le desséchement et l'aménagement de la zone intermédiaire des terres basses.

Quelques journées d'hommes, suffiront, pour

transformer la savane sèche en une véritable prairie; quelques couples suffiront pour la multiplication rapide des bœufs et des chevaux et la multiplication indéfinie des moutons.

Dans la savane sèche, enfin, le colon pourra se livrer immédiatement aux cultures alimentaires et autres. Maïs, manioc, légumes, arbres fruitiers, prospéreront rapidement dans l'enclos cultivé, qui assurera au pionnier sa subsistance quotidienne, en attendant les bénéfices de l'exploitation forestière et de l'exploitation pastorale, sans parler du gibier délicat qui hante les savanes et les grands bois.

8° Les *hauts pâturages*, sur les pentes et les plateaux des montagnes, possèdent une herbe maigre et fine, mais fort nutritive et très saine. S'ils étaient plus aisément abordables, on pourrait les cultiver immédiatement et leur confier une tête de gros bétail à l'hectare.

9° Les *prairies* ou *savanes artificielles*, qu'on ne s'attendait guère à trouver dans cette région, n'y sont pourtant pas rares; quelques savanes naturelles, jadis en culture et redevenues savanes, quelques abatis abandonnés en tiennent lieu.

Utilisées en pâturages ou pour les cultures, ces savanes artificielles seront une trouvaille précieuse pour le colon.

LE BÉTAIL. — Il n'y a peut-être pas 500 têtes de

chèvres et 300 têtes de *brebis* dans toute la colonie; cependant ces animaux s'élèvent avec plus de facilité qu'en Europe, par suite de l'uniformité du climat qui leur convient très bien. La laine ne gêne pas les moutons : à la seconde ou à la troisième génération, elle disparaît.

Les *moutons* se vendent jusqu'à 90 francs par tête, et une brebis donne jusqu'à trois petits par an. Les terres hautes, moins humides, sont celles qui leur conviennent le mieux.

Dans les pays où le maïs est la céréale nationale, comme aux États-Unis, c'est le porc qui est l'animal le plus répandu. La Guyane, admirablement favorisée pour la culture du maïs, ne devra pas avoir beaucoup de peine pour élever des quantités considérables de porcs.

En effet, on les voit aujourd'hui, à moitié sauvages, se promener par bandes dans les forêts des quartiers, passant comme des trombes aux pieds du chasseur effaré. Ce sont les cochons marrons. On fait une battue quand on veut prendre quelques-uns de ces animaux.

La statistique coloniale accuse près de 5000 porcs.

Les *bœufs* introduits en 1766, sous l'intendance de Maillard, se multiplieraient rapidement si toute espèce de soins ne leur faisaient pas complètement défaut. Le nombre des bêtes à cornes n'est encore que de 5 000 têtes.

Plusieurs essais ont été faits par des hommes intelligents : tous ces essais ont été couronnés de succès et tous ont disparu, sans laisser trace, avec les hommes intelligents qui les avaient menés à bonne

Les *chevaux* sont si nombreux à Para et à Marajo qu'à une certaine époque les éleveurs brésiliens vendaient un cheval 5 francs et en faisaient cas comme d'un petit chien. Ils furent même trop nombreux un jour à Marajo et les éleveurs durent abattre 40 000 juments, dont les peaux se vendirent 2 francs l'une.

De tous ces cadavres abandonnés sortit une épizootie qui dépeupla momentanément de chevaux la grande île brésilienne.

A Cayenne, il n'y a pas de race indigène ; on est obligé d'y importer à grands frais les chevaux dont on a besoin.

Ce n'est pas que la colonie n'ait pas essayé d'élever des chevaux ; mais on s'y est pris maladroitement et l'élevage n'a pas réussi.

Les *ânes* réussissent fort bien et sont assez nombreux.

Des *buffles* ont été introduits à diverses reprises et ils ont toujours réussi.

Quant aux *mulets,* on n'a jamais pensé à en faire et ils ont toujours été rares dans la colonie.

EXPLOITATION PASTORALE INTENSIVE. — Si quelques savanes étaient aménagées et si quelques troupeaux étaient en formation, il faudrait faire pâturer le bétail. Mais c'est là de l'exploitation pastorale intensive et il est à peine besoin d'en parler ici.

Il ne faut pas laisser le bétail vaguer : il détruit plus qu'il ne consomme. Il faut le faire pâturer, en le faisant revenir à son point de départ quand l'herbe est repoussée.

De cette façon, il n'ira pas se perdre dans les bois ou ravager les propriétés. Les frais de nombreux gardiens seront ainsi évités.

Les îlots de terre haute qui parsèment les savanes sont très favorables à l'établissement des cases et des hangars. Il est aisé d'y faire des vivres pour le propriétaire et les gardiens et des herbes pour le bétail.

Les pentes de ces îlots, généralement très fertiles, le deviendraient encore davantage par l'addition des engrais produits par les bestiaux.

Le pacage est un grand moyen d'amélioration des savanes. Quand les bestiaux ont séjourné longtemps dans une savane, elle s'améliore. Les mauvaises herbes disparaissent, les bonnes se multiplient. On n'a qu'à changer de pacage tous les mois et la prairie entière ne tardera pas à être appropriée.

De véritables savanes artificielles se créent ainsi d'elles-mêmes, et pour peu qu'on y sème quelques herbes choisies, la prairie deviendra d'une puissance productive incomparable.

Bien éloignés de cette époque de haute science pastorale, nous pouvons cependant nous demander ce que rapporterait une ménagerie bien conduite dans une savane bien aménagée. Supposons mille hectares de savane. Début : 200 génisses, 20 taureaux ; coût total, 40 000 francs. Pour aménagement des savanes, 5 000 francs ; entretien pendant 5 à 6 ans, 5 000 francs. Total général, 50 000 fr.

A la fin de la sixième année, on aura les bœufs nés à la fin de la première année : 200 du poids minimum de 120 kilogrammes, à 2 francs le kilogramme, soit 50 000 francs.

A partir de la sixième année, on aurait un revenu annuel de 50 000 francs, soit 100 pour 100 du capital engagé.

LES PRODUCTIONS AGRICOLES. — Il n'est pas permis, quand on parle des richesses actuelles, spontanées et possibles de la colonie, de passer sous silence les productions agricoles, celles que pourrait fournir le travail de la terre.

Ces richesses n'existent pas encore dans la Guyane française, ou plutôt elles n'existent plus. Il n'y a plus d'agriculture dans cette colonie. Sa production agricole totale est bien inférieure à celle d'une commune moyenne de la Flandre. Néanmoins le sol est toujours riche et sa puissance productive n'a pas diminué.

Quand les terres de la forêt, après l'exploitation, auront été ameublies par le déracinage, l'incinération et le labourage ; quand le drainage, l'irrigation et l'endiguement auront ameubli les savanes, le colon trouvera les plus grands avantages à se livrer à la culture.

Cultures alimentaires. — Le *pain*, base de son alimentation en Europe, fait défaut au colon ; car, en Guyane, le blé pousse en herbe et donne rarement d'épis.

Le colon ne devra pas non plus penser à faire du *vin*. Il pourra cultiver quelques treilles, mais le raisin mûrit trop mal et trop irrégulièrement pour qu'on puisse songer à l'utiliser autrement que comme plat de dessert.

Il paraît cependant que jadis on cultivait la vigne dans l'île de Cayenne. On la taillait au lieu de la cultiver en treilles, et on arrivait ainsi à faire deux récoltes par an d'un vin qui, disent les vieux auteurs, n'était pas sans qualité.

Quelques Missions de la Guyane anglaise auraient, à ce qu'on assure, produit un vin aussi bon que le madère.

Malgré ces faits plus ou moins vérifiés, nous croyons sage de ne pas trop compter sur les vignes de la Guyane.

Le *maïs* qui pousse bien jusqu'au 40° de latitude nord et sud, pousse mieux encore dans les pays chauds. La Guyane est une de ses régions de prédilection. Il donne trois mois après avoir été semé, et fournit de trois à quatre récoltes par an. Il n'est pas rare de voir dans les bonnes terres des pieds de maïs de quatre mètres de hauteur.

Dans certains cantons, on peut cueillir l'épi six semaines après avoir semé la graine.

La culture du maïs est destinée à prendre dans la colonie une grande importance. On sait qu'aux États-Unis le maïs est la base de l'alimentation d'une population pourtant bien vigoureuse. L'Amérique du Nord récolte 7 à 800 millions d'hectolitres de maïs, d'une valeur totale de deux ou trois milliards. Pourtant, aucune terre de l'Union ne fournit plus d'une récolte par an de la céréale nationale.

En attendant que la culture en grand du maïs révolutionne la Guyane française, les créoles font de la bouillie et des galettes avec la farine précieuse. Ils la pilent dans un mortier pour la convertir en farine, car il n'existe pas un moulin dans la colonie.

Le *mil*, excellent pour l'alimentation des basses-cours, sert actuellement de base à divers aliments créoles.

Dans l'Amérique équatoriale, la plante alimentaire par excellence est le *manioc;* il est là dans son pays d'origine et de prédilection. Cette terre a pour ce produit un monopole naturel.

Les diverses espèces de manioc sont venues au bout d'un an ou de dix-huit mois, et donnent jusqu'à 30 kilogrammes par pied de fruits énormes, de la grosseur d'une betterave.

Ces racines, une fois râpées, pilées, puis pressées et boucanées, ce qui les débarrasse de leur principe vénéneux, donnent une farine grenue, le *couac,* farine nationale de la Guyane et de l'Amazone.

La partie la plus fine de cette farine est convertie en galettes minces et blanches, appelées *cassaves,* aussi populaires dans le haut de l'Amazone que sur la côte de Guyane.

Les couacs, blancs et jaunes, gros et fins, forment avec la cassave, la base de l'alimentation créole dans une grande partie de l'Amérique du Sud. Ce sont des ressources alimentaires d'origine indienne, ainsi que diverses préparations dont le manioc fait les frais. L'Européen ne s'habitue pas toujours facilement à cette nourriture; on peut compter qu'il sera obligé de s'approvisionner en Europe de farine de froment, comme il s'y approvisionne de vin.

Le manioc n'en est pas moins une culture fort importante; le couac et la cassave, en même temps qu'ils constituent une réserve qui, à un moment donné, peut devenir précieuse dans une colonie en formation, peuvent toujours être cédés aux créoles à un prix pour le moins aussi rémunérateur que celui de la farine de froment.

De plus, le manioc est une véritable plante industrielle; c'est de sa racine qu'on tire l'amidon, fait avec l'eau vénéneuse qui en découle; le tapioca, et surtout la glucose, précieux articles d'exportation.

En glucose, le manioc peut donner, au moyen des procédés d'extraction en usage aux États-Unis du Sud, jusqu'à 10 000 francs à l'hectare.

Le manioc, tout comme la canne, appelle l'usine centrale. L'usine à sucre pourrait faire double emploi : en même temps qu'elle utiliserait la canne, elle retirerait la glucose du manioc. Les détritus du manioc, 20 à 30 pour 100 environ, constitueraient, mélangés ou purs. une excellente nourriture pour le bétail. On y pourrait joindre les écumes de batterie, les gros sirops, etc.

La *pomme de terre* qui rend de si grands services en Europe, ne donne guère que des feuilles dans l'Amérique équinoxiale. Ces feuilles, il est vrai, sont gigantesques, mais les fruits ne sont pas plus gros que des noisettes. Toutefois la pomme de terre a de nombreux succédanés :

L'*igname pays indien*, qui la remplace avantageusement, et l'*igname pays nègre*, beaucoup plus grosse, se multipliant sans soins et qui n'est guère inférieure à la première. Précieuse surtout pour la nourriture des animaux et principalement du porc.

La *patate*, mêmes usages. Ignames et patates donnent en abondance des fruits énormes au bout de six mois. On peut, de la patate comme du manioc, retirer une forte proportion de glucose.

La *tayove* ou *chou caraïbe* donne trois récoltes par an. Les racines rappellent l'igname ; les feuilles constituent une bonne salade.

Le *bananier* donne à neuf mois. Cet arbre est celui qui, à surface égale, donne la plus grande quantité de nourriture. C'est lui qui a fait naître ce proverbe africain : « Un jour de travail pour vingt jours de nourriture. »

Les bananes sont la viande des noirs, disait-on avant l'émancipation, et la cassave en est le pain.

Les fruits du bananier se mangent cuits ou crus. Ils sont d'un goût exquis. Ils peuvent avantageusement être utilisés, soit pour l'alimentation des immigrants hindous ou africains, soit pour la nourriture du bétail et de la volaille.

Le bananier donne des fruits en grande abondance, et, pour ses fruits seulement, peut être considéré comme plante industrielle : le débit en quantité prodigieuse des bananes et des bacoves (figues bananes ou petites bananes) étant toujours assuré auprès des populations créoles de l'Amérique chaude qui n'en ont jamais assez.

Le *riz* qui nourrit plus de la moitié des hommes, est parfaitement acclimaté en Guyane. C'est une culture des terres basses, mais il prospère sans culture dans tous les terrains de la colonie. Il donne trois récoltes par an, l'eau des pluies remplaçant avec avantage, dans ces régions équatoriales, le dispendieux système des irrigations de Lombardie, d'Égypte, de Caroline et des régions sud-asiatiques.

La Guyane hollandaise et la Guyane anglaise ont de magnifiques rizières. Cette dernière colonie récolte assez de riz pour nourrir tous ses coolies.

Cette culture n'augmente en rien les chances d'insalubrité du pays.

La Guyane française aurait pu exporter de

grandes quantités de riz ; malheureusement, on n'a pas pensé à se procurer des machines à décortiquer.

Le *sagoutier*, qui est acclimaté, produit de 6 à 800 livres par pied d'une assez bonne farine. Il se reproduit de lui-même et pousse sans culture. On en tire le *sagou*.

L'*arbre à pain* présente deux variétés : l'*arbre à pain à graines*, dont les fruits rappellent la châtaigne, et l'*arbre à pain igname*, dont les fruits rappellent l'igname. Les uns et les autres se mangent cuits.

Cultures oléagineuses. — Le plus précieux des palmiers est sans contredit le *cocotier*. C'est le roi des végétaux. A lui seul il peut satisfaire à tous les besoins de la vie. Dans les pays torrides, il est l'indice du progrès ; c'est l'arbre de la civilisation.

Il donne son amande qui vaut la noix, son lait qui n'est pas mauvais, sa sève qui, fermentée, donne un vin agréable, ses fibres qui constituent un des meilleurs textiles, sa tige qui donne les piquets et les lattes de la maison des tropiques. Sans cocotier, point d'Inde ! dit le proverbe.

Mais tout cela est de l'utilisation sauvage, et c'est uniquement au point de vue de l'huile et de la bourre que le colon devra se placer.

L'huile fournie par l'amande du coco passe pour la meilleure des huiles. La bourre fournit la plupart des cordages employés au Brésil et dans l'Inde. Ces deux seules propriétés donnent au cocotier une telle valeur que seul, parmi tous les végétaux, il est imposé dans l'Indoustan par les Anglais qui, pourtant, importent une quantité considérable d'huile et de bourre de coco.

La moelle du cocotier est employée en blindage pour les navires de guerre.

Le cocotier donne ses fruits en toute saison, toute l'année, tous les jours. Au bout de cinq ou six ans, il est en plein rapport.

Chaque pied donne par an environ 240 cocos. Les 300 pieds que peut nourrir un hectare jonchent donc le sol de près de 7 200 cocos, rendant pour 1 500 francs d'huile et donnant pour 1 000 francs de bourre, soit un rendement total de 2 500 francs à l'hectare. Le prix marchand d'un coco est de dix centimes à Cayenne, soit un revenu de 750 francs à l'hectare, si on vend le produit brut.

Les cocotiers réussissent fort bien dans la région. Sur la côte du Brésil, de Maranhao à Pernambouc, sur une longueur de 250 kilomètres et sur 1 kilomètre de profondeur, le littoral est bordé, entre les montagnes de sable, de magnifiques forêts de cocotiers. Au Vénézuela, dans les provinces littorales, plusieurs propriétaires se font 50 000 francs de revenus rien qu'en huile de coco.

L'*aouara pays nègre* est le palmier à l'huile d'Afrique fournissant l'huile de palme. C'est ce fameux palmier qui couvre le sol au Cap-Vert et dans les différentes parties de la Guinée. Il est acclimaté, naturalisé à la Guyane française. Il a tellement prospéré depuis que Kerkowe l'a introduit en 1806 que dans certains quartiers on le croirait indigène.

L'aouara pays nègre est en rapport sept ou huit ans après avoir été planté. En attendant qu'il donne des fruits, on peut faire des cultures dans les intervalles laissés libres entre chaque pied.

Chaque arbre donne, d'après le général Bernard, six régimes, soit 36 litres d'huile. 225 pieds à l'hectare donnent 8 100 litres. Le litre d'huile de palme se vend près de 1 franc sur place, soit près de 8 000 francs à l'hectare.

L'*aréquier*, originaire des Indes orientales et parfaitement acclimaté produit une graine oléagineuse ; cette graine mêlée à la feuille de bétel, fait l'objet d'un grand commerce dans le Levant. Or, le bétel est pareillement acclimaté. Cette double culture, qui serait des plus lucratives, est accessible aux plus petits capitaux.

Le *noyer de Bancoule*. — L'arbre et son fruit rappellent le noyer et la noix d'Europe. Quand on mange la noix de Bancoule on en retire le germe qui est un vomitif.

Les *Arachides* ou *pistaches* acclimatées. — La côte occidentale d'Afrique vend tous les ans pour plus de 80 millions d'arachides.

Nous ne dirons rien des cultures médicinales et de celles des résineux. Tant que la forêt en offrira bien plus qu'il n'est possible d'en récolter il sera parfaitement inutile de se livrer à ces cultures.

Nous nous contenterons de dire quelques mots sur la plus importante de ces plantes : le thé qui est un produit d'importation.

Le *thé*.—Le gouvernement de la Guyane française dépensa 3 millions en 1821, pour introduire dans la colonie des Chinois cultivateurs de thé.

L'opération fut mal dirigée. On recruta dans les mers de l'Extrême-Orient 250 individus pris absolument au hasard. Ces individus s'évadèrent presque tous pendant la traversée. A chaque escale le convoi diminuait de trente ou quarante engagés. Le commandant ne put en débarquer qu'une vingtaine à Cayenne.

Au bout de quelques mois, il ne restait plus que trois Chinois, un cordonnier, un maçon, un charpentier.

Si cette expédition ridicule eût été mieux conduite, la Guyane française aurait peut-être aujourd'hui un rang excellent parmi les pays producteurs de thé. Les terres de la colonie sont en effet très favorables à la culture de cette plante.

Au siècle passé une expérience fut faite sur une assez grande échelle et réussit au-delà de toute espérance. Malheureusement on abandonna peu après cette culture pour passer à autre chose.

Les Brésiliens font cultiver le thé sur leurs plateaux de Minas et de Sao-Paolo. Les Chinois qui sont occupés à cette besogne trouvent ces terres un peu froides. Et cependant le rendement est magnifique. Les Anglais ont essayé de leur côté de faire cultiver le thé à la Trinidad, mais les terres de l'île ont été trouvées trop sèches.

La Guyane, chaude et humide, réussirait sans aucun doute d'une façon admirable dans la culture de la plante précieuse.

Avis aux colons de l'avenir !

V.

LES TERRAINS NEUTRES DITS TERRAINS CONTESTÉS.
LA GUYANE INDÉPENDANTE.

Nous terminerons cette étude rapide de la colonisation française en Guyane en disant quelques mots de cette partie de la Guyane qu'on a appelée longtemps les territoires contestés et qui sont limités au nord par l'Oyapock, au sud par l'Amazone.

Tout récemment la portion de ce pays située au nord du Carsevenne et qu'on appelle le Counani, en raison du fleuve et de la ville de ce nom, s'est déclarée indépendante, a proclamé la république et a choisi pour la gouverner un groupe d'hommes exclusivement français. Ce n'est donc pas nous écarter de notre titre que de consacrer quelques pages à ce pays, le plus beau du monde et qui est appelé, tout en conservant son indépendance absolue, à former pour la France, une colonie d'un nouveau genre, tout ouverte à ses nationaux et qui aura sur toutes les autres l'avantage de ne lui avoir coûté et de ne lui coûter ni un soldat, ni un centime.

Le pays de Counani est, nous le répétons, limité au nord par l'Oyapock, au sud par le Carsevenne, à l'est par la mer, au sud-ouest par les monts Tumuc-Humac. Cette dernière frontière est d'ailleurs absolument indéterminée et pourrait s'étendre jusqu'au Rio-Branco.

L'intérieur du Counani, absolument inconnu des Européens, ne l'est guère plus des habitants eux-mêmes, qui, peu nombreux, se sont groupés sur les bords des cours d'eau le moins loin possible de la mer et, n'ayant rien à désirer sous le rapport de la vie matérielle, n'ont ressenti en rien le besoin d'aller interroger les parties intérieures du pays et leur demander leurs richesses.

Plusieurs rivières, grandes comme la Seine, parcourent le pays, allant parallèlement du sud-ouest au nord-est et recevant dans leur cours les eaux d'une infinité d'affluents qui n'ont pas encore de nom. Ces affluents répandent leurs eaux fécondantes dans les forêts et dans la vaste région des prairies qui s'étend un peu à l'ouest de la mer dans toute la longueur de la côte, sur une largeur fort variable.

Les fleuves principaux qui arrosent le Counani sont :

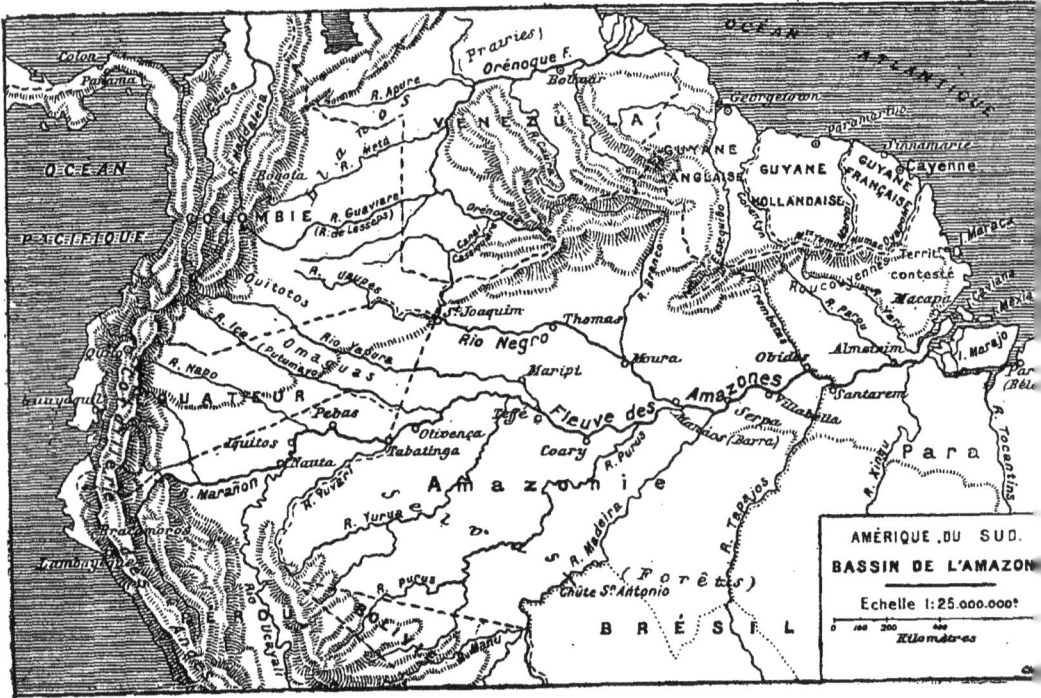

AMÉRIQUE DU SUD

BASSIN DE L'AMAZON

Echelle 1:25.000.000^e

Kilomètres

1º L'Oyapock, qui le sépare de la Guyane française et dont nous avons déjà parlé au commencement de ce volume.

2º L'Ouassa, qui pourrait compter comme un affluent du précédent, car il vient se jeter dans l'Océan à l'embouchure de l'Oyapock, dans la baie qui porte le nom de ce fleuve.

3º Le Cachipour, grand et beau cours d'eau qui a été parcouru, en partie, par le capitaine Blanc en 1882, et qui prend probablement ses sources aux monts Tumuc-Humac, dans le pays des Indiens Oyampis.

4º Le Counani, qui donne son nom au pays et à la capitale et qui n'ayant jamais été parcouru bien au-delà de Counani, cache encore ses sources et ne figure dans tout son cours supérieur, dans les cartes, qu'en ligne pointillée, c'est-à-dire hypothétique.

5º Enfin le Carsevenne, qui sépare le Counani de cette partie de la Guyane indépendante qui s'étend au sud jusqu'à l'Amazone et qui a pour ville principale Mapa.

Le pays de Counani n'a été visité en réalité, pendant la période moderne, que par deux explorateurs : M. Henri Coudreau, missionnaire scientifique, qui y aborda en juin 1883.

Il arrivait alors de Cayenne avec sa première

mission scientifique officielle. Il y passa deux mois et commença en août le grand voyage qui, à travers les déserts de l'Amérique équatoriale et les tribus inconnues, devait le conduire non loin des Andes et le ramener à son point de départ par une route que pas un Européen n'avait encore parcourue.

Le second voyageur qui a vu Counani et visité un peu l'intérieur de la contrée est M. Guigues le vaillant et intrépide chercheur d'or qui a découvert, après quatre ans de voyage, errant dans les forêts vierges, un placer immensément riche dans l'ouest de la Guyane française, aux pieds des Tumuc-Humac, placer auquel il a donné le nom de l'Iguane.

C'est à ces deux explorateurs que nous devons tous les renseignements qui suivent et qui offrent d'autant plus d'intérêt qu'ils prennent un plus grand caractère d'authenticité.

« Aimez-vous, dit M. Coudreau (1), les longs étés sans pluie, au ciel sans nuages ; l'atmosphère suave et pure qui rafraîchit l'âme, les solitudes enchantées où rien ne rappelle la dictature de la société ; aimeriez-vous à vivre sans le regret de la

(1) Lire : *Études sur la Guyane et l'Amazone*. Challamel, éditeur à Paris.

veille et sans le souci du lendemain, dans la certi-
tude d'un avenir heureux, avec la bénédiction de
la nature, sans un journal ni un député, loin de
toutes les imbécillités et de toutes les scélératesses
qui constituent le *substratum* de notre civilisation
fatiguée et malade ; dans la jouissance d'être, de se
laisser vivre, sans appréhension, comme sans
enthousiasme ; avec quelques chevaux, quelques
vaches, quelques chiens, quelques fusils et quelques
familles d'Indiens tout nus ?

» Alors vous aimerez Counani.

» Large et profond, solennel, beau, pareil à un
dieu antique de la bonne marque, le fleuve,
toujours majestueux, toujours étonnant, toujours
superbe, s'enfonce dans l'intérieur inconnu,
s'offrant à nous par sa partie accessible, la partie
inférieure, mais cachant ses sources.

» On l'a remonté pendant quinze jours en canot,
on a franchi bien des chutes : toujours des cime-
tières indiens, des forêts de bois des îles, des savanes sans horizon, des montagnes lointaines, des
paysages féériques et toujours la largeur de la Seine
à Paris. »

Dans l'admirable ouvrage auquel nous avons
emprunté ces lignes si vivantes, M. Henri Coudreau, qui est autant un grand poète qu'un intrépide explorateur, peint successivement le fleuve,

la forêt de la rive, la région des prairies, la vie des pêcheurs sur le fleuve ou dans les vastes étendues de l'Océan ; il raconte comment il a failli se noyer en accompagnant ces vaillants navigateurs ; et il parle des divers états exercés par la population qu'il divise en sylvicoles et en pastoraux.

Plus loin, il décrit l'été :

« C'est l'été, dit-il, le soleil s'élance, sans se faire annoncer, dans un ciel pâle. La pourpre éclatante d'un crépuscule subit séduit, et effraye l'homme qui ne connaît que le paresseux et mélancolique crépuscule des climats tempérés. Jusqu'à sept heures, c'est la fraîcheur d'avril, puis c'est le rayonnement de l'astre sur le dôme de la forêt, et dans l'infini de l'azur, les lances et les étincelles de feu inondant les plaines découvertes... »

» Porte close, par la natte verte et fine, qui appelle la brise, qui caresse et repousse le soleil qui brûle, à côté de l'eau qui dort fraîche et pure dans les alcarazas ; c'est le temps des somnolences, des siestes et des rêves dans le léger hamac de *tucum* orné de paquets de plumes d'aras.

» Mais ne vous abandonnez pas trop longtemps à ces charmes énervants et trompeurs, aux jouissances infinies auxquelles nous convient un ciel, un climat séduisants. Ne réalisez que pour une demi-heure le rêve oriental, que la chaude et lourde atmosphère qui vous caresse, vous invite à créer.

» Puis, quand l'heure du farniente sera passée, que le soleil sera moins chaud dans la forêt et dans la savane, qu'un labeur actif vous procure l'appétit et le sommeil.

» N'allez pas dormir toutefois sans avoir joui quelques instants des splendeurs indescriptibles des clairs de lune de la prairie. Les palmiers aux plumes miroitantes sous les reflets de l'astre des nuits, les grands arbres touffus pleins d'ombre et de recueillement, les larges perspectives argentées, le bleu pâle d'un ciel transparent plus vaste que tous les autres cieux du monde, rempliront votre âme d'une joie douce et d'une inoubliable suavité. Car la lune, que l'optique de l'équateur élargit démesurément, est là plus belle et plus triste qu'ailleurs; car les clartés qu'elle déverse sur la terre ont une netteté presque solaire, une précision, des éblouissements et une poésie qui font songer à des paysages extra-terrestres ; car, errant, inconscient et contemplatif au sein de cette nature si poétiquement parée, les ailes du rêve élèveraient votre âme jusqu'aux régions du bonheur sans mélange de l'ineffable sérénité. »

Plus loin, dans ces pages remarquables, qui semblent être un chant inédit du Child Harold de

Lord Byron, M. Coudreau décrit l'hiver équatorial, avec ses nuages, ses pluies et ses colères.

« Un instant doux et serein, comme en France après l'orage, le firmament se couvre tout à coup d'un nuage épais qui s'étend rapidement d'un bout à l'autre de l'horizon. Grosse et lourde, appuyée sur les quatre coins de la terre, couvant la pluie, la nuée assoupit la nature qui attend, recueillie et silencieuse.

» Soudain, à un signal mystérieux parti des profondeurs des cieux mornés, les eaux d'en haut se laissent tomber.

» Elles tombent en pluie compacte, crépitante. Elles bruissent et fument dans l'atmosphère et couvrent d'une nappe épaisse le sol rougi qui se détrempe. Parfois les hurlements de la tempête déchaînés viennent troubler le silence sinistre qu'impose aux fruits de la nature la chute des cataractes du ciel.

» Avec fureur, aveuglément, les torrents descendent des heures entières.

» Toute chasse est interrompue, tout sentier désert, tout ruisseau débordant, toute porte fermée. Les maisons semblent mortes, la campagne est ensevelie. Une brume épaisse couvre tout, la sensation du froid se répand, les Indiens allument des feux sous leur hamac.

» Enveloppé dans un vêtement de laine, je regarde discrètement au vitrage, pour voir si je reconnaîtrai, à quatre pas, le visiteur imprudent qui vient, marchant dans le brouillard, appeler à la porte close.

» C'est l'hiver, avec le vent qui gronde, qui siffle, qui rugit, ébranlant les maisons de bois et de paille et déracinant les forêts.

» Pourtant l'atmosphère a encore, par moments, de chaudes bouffées. Il fait 25° dans la chambre bien fermée, et, au dehors, les fleurs, solides dans ces pays équatoriaux sur leur pédoncule rigide, bravent les fureurs de l'averse.

» Encore un peu, la pluie briserait les vitres, le vent les ferait tomber de leur gaîne, car pluie et vent font rage.

» Il fait bon, retiré dans son chez soi, maison, bicoque ou carbet, regarder passer au dehors, les fureurs de l'ouragan. C'est le moment de manger ferme et pimenté, de boire le tafia à pleine gorge, pour combattre l'humidité envahissante.

» Puis, voici qu'on sort de la nuit, on voit à travers la pluie ; la poussière d'eau qui cache les maisons voisines se dissipe, les toits apparaissent, l'averse ne tombe plus qu'avec modération et net-teté, et ses eaux sont claires, de rouges qu'elles étaient d'abord. On contemple en même temps les sentiers de la prairie changés en ruisseaux, chargés de boue liquide qu'ils charient et le grand sourire du ciel bleu.

» Le soleil darde ses rayons de feu, les toits étincellent, les ruisseaux sont taris, le sable devient brûlant, la boue devient poussière et tout cela n'a pris que deux ou trois heures.

» Mais prenez garde. Le bleu disparaît sous des nuées pâlottes et grisâtres, venues des lointains. Il tombe une pluie imperceptible, si elle n'est vue du soleil. Quelle est cette mystérieuse rosée ? On ne la voit pas, on ne la sent pas, et au bout de dix mètres on est trempé.

» Cependant, avant la fin de la journée, le ciel, comme honteux de sa conduite hypocrite, reviendra à ses brutalités premières, l'averse furieuse et les vents hurlants recommenceront à sévir.

» Toutefois, allez sans crainte, voyageur. Les douches que vous offre la nature ne sont point désagréables. Si vous voulez vous abriter, la forêt vous offre de sûres et tranquilles retraites. Laissez la rivière soulever ses flots, laissez bondir, blanches d'écume, les vagues du cours d'eau courroucé. N'amenez pas seulement l'amure et voguez gaiement dans le brouillard grandiose. »

Dans le cadre restreint d'un chapitre de livre, M. Henri Coudreau, a su faire entrer une monographie complète du pays de Counani et de ses habitants. Il peint en lignes magistrales les grandes savanes, où l'on respire la santé, où les chaleurs torrides sont inconnues, où le vent circule librement, entretenant en permanence un air vif et sec, où les insectes des tropiques, moustiques, maringoins et autres qui sont le tourment des régions voisines, n'ont jamais paru.

Puis il promène son lecteur dans la forêt, la forêt vierge des hautes terres.

» Viens, chasseur, mon ami, viens la voir telle qu'elle est actuellement, sauvage, hostile et fermée.

» Le voici, le grand bois, plein d'une horreur sublime. Quatre couches de végétation s'étalent entre la boue et l'azur. En bas, se traînent des plantes grasses, massives, luisantes, auxquelles les botanistes n'ont pas encore eu le loisir de donner des noms scientifiques.

» Les feuilles sèches, les bruyères y tombent et alimentent des milliers de tribus de vermines grouillantes et d'insectes bourdonnants.

» Quels sont les mystères de la vie végétale et animale, qui s'élaborent dans cette couche en putréfaction et en floraison perpétuelles? Quels sont les artisans de ces âcres et étranges senteurs, de ces bruits inconnus et indistincts qui s'échappent de cette basse région d'ombres éternelles?

» De cette mer de verdure, endormie avec les vents assoupis, houleuse avec les vents déchaînés, émergent, çà et là, les têtes de quelques géants de la forêt. Fort éloignés les uns des autres, solitaires et solennels, ils ressemblent à autant de pasteurs de peuples, surveillant avec gravité la vie des cités et des nations.

» A travers le fouillis des colonnes, qui fait penser à quelque Carnac impossible, bouleversé et surnaturel, mais plus grand que toute l'Égypte, avec tous ses déserts, le fût de l'arbre géant apparaît énorme, monstrueux, ou plutôt il est entrevu, car tout cela est vague et indistinct. Les arbres étiolés, la végétation des lianes et des plantes grimpantes, le balancement des feuilles gigantesques, qui tapissent l'espace sur des mètres carrés, dissimulent l'ensemble et le détail, dans la demi-obscurité du milieu.

» Parfois le ciel se couvre. Perdu dans les déserts de la végétation vierge, le voyageur n'y voit pas plus qu'en pleine nuit. L'obscurité et la terreur, descendent plus intenses et plus sombres du plafond feuillu, pour se mêler au grouillement sinistre des pourritures d'en bas. Tout se tait : l'oiseau ne chante plus, le singe cesse de hurler, les fauves ne font plus entendre leurs cris rauques, les insectes même cessent leur bourdonnement.

» Le silence, la nuit, l'attente de quelque grand événement sont d'une mise en scène terrible, comme une réception maçonnique du moyen âge.

» Tout à coup un éclair bizarre, crépitant, déchire l'obscurité de la forêt recueillie; les colonnes et les architectures végétales, apparaissent comme une vision de temples ruinés, escaladées par la horde confuse des plantes grimpantes tropicales.

» Puis des bruits sourds, qui glacent le cœur, se font entendre. C'est la tempête, entre-choquant les hautes cimes, qui grincent et craquent. Ce sont les grandes lianes qui se meuvent et paraissent fuir, pleurant sur un mode presque humain, dans des frôlements mystérieux. Ce sont, dans les fourrés, de vagues bondissements de bêtes effarées, des cris lugubres, qui sont peut-être un jeu du vent, des avalanches de pluie sifflante, clapottante, qui inondent les vertes toitures, et une rosée qui suinte et tombe goutte à goutte à travers les interstices de la charpente de branchages. Et, dominant tout, le tonnerre qui roule en haut sur les dômes de la forêt, qui frémit sous les commotions électriques!

» Puis tout cela s'agite et crie bruyamment : c'est le vent qui chasse les nuées, c'est le règne animal qui sort de ses repaires, pour annoncer la

réapparition du soleil. La forêt est remplie de
nouveau de lueurs crépusculaires, et le voyageur
éperdu croit assister à quelque féérie d'Hoffmann
en action.

» Fiévreux, il voit dans les lianes, qui courent
d'arbre en arbre, autant de serpents gigantesques
et prêts à l'enlacer, et sentant un crapaud sous
ses pieds, il croit, halluciné, que le sol marche et
se dérobe. »

La ville de Counani, la capitale de la contrée,
est construite sur la rive du fleuve qui porte le
même nom.

Elle ne compte encore qu'une trentaine de maisons et environ 300 habitants, la moitié des civilisés qui habitent le pays tout entier.

Le village actuel, qui ne compte que 25 années
d'existence, est situé à 23 kilomètres de la mer, si
l'on tient compte des méandres du fleuve, par
lequel on s'y rend et à 15 kilomètres seulement à
vol d'oiseau. Avec la marée montante, des vapeurs
de 300 tonneaux peuvent remonter la rivière et
s'amarrer à quai dans le village.

A l'embouchure du Counani, sur la rive sud, se
trouve un vaste et beau port naturel, offrant des
profondeurs de 15 mètres et complètement abrité
par une montagne qui s'avance en promontoire
dans la mer.

Counani possède deux grandes places publiques autour desquelles se groupent des maisons et des rues bien tracées. Ces maisons sont toutes sans plancher, ni étage, excepté celle du chef du pays, le capitaine Trajane. C'est chez lui, que loge actuellement M. Guigues.

Une église construite en briques et couverte de tuiles, constitue le seul monument. Toutes les autres maisons sont faites en bois, plus ou moins bien équarris, reliés entre eux par un clayonnage et de l'argile.

Les toitures sont faites de feuilles de palmier, et peuvent, pendant cinq ans, et plus, braver, sans laisser jour à une gouttière, les pluies formidables de l'hiver.

A Counani, on trouve tout ce qu'on peut désirer, pour vivre confortablement. Il y a deux boutiques de boulangers, qui fabriquent, si l'on veut, du pain avec de la farine de froment, achetée aux États-Unis. Le maïs, le manioc et le riz, forment l'élément principal de l'alimentation, auquel il faut ajouter l'infinie variété de gibiers et de poissons.

Les pommes de terre, comme en Guyane, sont remplacées là, avantageusement, par les ignames. Comme fruits, on y trouve l'ananas, la mangue, la banane, la papaye et cent autres.

Trois magasins sont ouverts à Counani, mieux

montés qu'aucun de ceux des petites villes de province, et qui, outre toute sorte de hardes et de vêtements, vendent toutes les conserves comestibles, qu'un gourmand de profession peut désirer. On peut s'y offrir des pâtés de foie gras, des terrines de Nérac, des pâtés de pluviers, des lièvres entiers, des haricots verts, du salmis de bécasse, des truffes du Périgord, du homard en boîte et tout l'assortiment qu'on sait.

Liqueurs diverses, cognac, tafia, y font l'objet d'un grand commerce. Les voyageurs de passage, y trouvent même la légendaire absinthe de Pontarlier.

Tous les bons vins y tiennent une belle place; vins de Bourgogne, vins de Bordeaux, vins de Champagne, vins des Côtes du Rhône; vins de Portugal, d'Espagne et d'Italie. Ces vins sont meilleurs et coûtent moins cher qu'en France. Ils sont meilleurs, parce que médiocres et falsifiés, ils ne supporteraient pas la traversée; meilleurs encore, parce que le voyage de quatre mois qu'ils font pour venir d'Europe, les vieillit de quatre années et les convertit en vins retour de l'Inde. Enfin, ils sont meilleur marché, parce que le fret ne revient qu'à quatre centimes par litre et qu'à Counani on ne paye pas de droits d'entrée.

Dans les trois boutiques de Counani, celle **de**

Delmas, celle de **Trajane** et celle de Vasconcelli, on vend encore du lait, du chocolat, du café et du tabac.

A Counani, on boit le tafia comme les Allemands boivent la bière; d'ailleurs on y vend aussi de la bière, bière anglaise, bière américaine, bière danoise.

Quant aux volailles, elles sont si nombreuses chez tous les habitants, qu'elles ne représentent aucune valeur vénale et s'empruntent, comme en France, une prise de tabac.

Les habitants civilisés, forment dans la contrée entière, un total de 600 individus environ, qui sont le produit de trois sangs : le Blanc, l'Indien, le Nègre.

Quant aux Indiens qui vivent vers les sources des fleuves, à l'intérieur, ils comprennent environ 6 ou 8 000 personnes.

Entre Counani et la mer, sur des cours d'eau divers, sont quatre villages de quelque importance : Cachipour, Oïssa, Couripi et Rocawoi.

Les habitants de ces centres de population forment une race bien curieuse; ils ont généralement une maison à la ville et une autre isolée, au fond des bois, où ils habitent de préférence. Ce sont généralement des esclaves échappés du Brésil, et cette situation explique, d'une part, leur supériorité intellectuelle relative, et de l'autre, la préférence qu'ils ont toujours témoignée pour la France.

Ils sont hospitaliers, généreux, prodigues, insouciants, braves, épicuriens et ils forcent la sympathie de ceux qui les visitent. S'ils le voulaient, ils seraient tous riches, mais à quoi bon travailler pour la richesse quand on jouit, dans leur plénitude, du bien-être et de la liberté?

A Counani on parle et on comprend trois langues, le portugais, qui est la langue la plus commune, le français, que tout le monde entend et le créole de Cayenne, que tout le monde parle.

Tous travaillent, mais tous travaillent peu. Malgré cela et leur petit nombre, le commerce annuel de Counani dépasse un million de francs.

Ils récoltent une assez grande quantité de farine de manioc qu'ils vont vendre à Para ou à Cayenne, dans leurs goélettes nommées *tapouyes*, et qui entre pour une bonne part dans l'approvisionnement des placers de la Guyane française.

Nous avons dit que la pêche et la chasse constituent l'élément principal de leur alimentation. La pêche du machoiran, qu'ils prennent près des côtes de la mer, et dont ils vendent la chair salée et la colle, forme encore une industrie lucrative ; la construction de quelques goélettes est leur principale

source de fortune. Ces goélettes sont fort recherchées à Para et à Cayenne, où elles se vendent 20
et même 30 000 francs.

Nous terminerons ce rapide aperçu de la république de Counani en disant ce que pourrait rap-
porter, dans un bref délai, l'exploitation industrielle de cette contrée. Ceci nous semble d'autant
plus intéressant à faire connaître que le nouveau
gouvernement étant exclusivement composé de
Français, tout nous fait supposer que c'est une
compagnie financière française qui entreprendra
cette exploitation.

Laissant de côté l'élevage qui donne d'excellents résultats, mais qui demande quelques années
avant d'être rémunérateur, l'or qui est très abondant,
mais dont l'exploitation est coûteuse et aléatoire,
les cultures industrielles qui sont d'un bénéfice certain, mais partant peu considérable, même à Counani où tout vient déjà sans culture, laissant aussi
de côté la coupe des bois qui ne peut être entreprise de suite en grand par l'industrie, sans de
coûteuses et hasardeuses écoles, étudions ce qu'on
peut faire avec la seule industrie des produits forestiers.

Voici, à titre d'échantillon, un devis des prix de
revient des trois principaux produits forestiers.

Les terres à caoutchouc, ou à cacao, ou à noix

du Brésil découvertes, on met des Indiens en devoir de les récolter. On paye ces Indiens, quand on les paye bien, ou pour mieux dire quand on les paye, 2 francs par jour et on les nourrit. Le payement se faisant en marchandises, que l'on majore dans le pays d'au moins 50 pour 100 (et même jusqu'à 3 000 pour 100), ce payement revient au plus à 1 franc par jour.

La nourriture se compose de trois éléments ; la farine de manioc, le tafia et le tabac. Pour accroître leur bien-être, les Indiens, aux heures de loisir, chassent et pêchent. On compte en moyenne, pour la dépense de nourriture, 1 franc par homme et par jour, ce qui met le prix de revient d'un Indien, solde et nourriture comprises, à environ 2 francs par jour.

Or un Indien récolte en moyenne par jour :

En caoutchouc, 3 kilos frais. Sec, ce caoutchouc se réduit à 2 kil. 1/2. En tenant compte des diverses qualités du caoutchouc et en tablant sur les prix de la plus grande baisse sur place (5 francs le kilogramme), on peut dire que le produit brut de l'Indien en caoutchouc représente sur place 12 fr. 50 c. par jour.

La saison de la récolte du caoutchouc dure environ cinq mois, soit au moins 100 jours de travail. Travail de 100 jours, solde et nourriture, 200 fr.

Nourriture de 50 jours sans travail, 50 francs. Total : dépense, 250 fr. — Produit brut : 250 kil. de caoutchouc à 5 francs, soit 1 250 francs. — Bénéfice net d'une saison d'Indien en caoutchouc : 1 000 francs.

En cacao, 20 kilogrammes, à 1 franc le kilogramme en moyenne sur place, soit 20 francs par jour. La saison du cacao dure trois mois, soit au moins 60 jours de travail. Travail de 60 jours, solde et nourriture, 120 francs. 30 jours de nourriture sans travail, 30 francs. Total des dépenses : 150 francs. — Produit brut : 1 200 francs. — Bénéfice net par homme et par saison : 1 050 francs.

En noix du Brésil, 90 kilogrammes à 0 fr. 25 l'un, soit 22 fr. 50 par jour. La saison dure trois mois, soit 60 jours de travail. Travail de 60 jours, solde et nourriture, 120 francs. Nourriture de 30 jours sans travail, 30 francs. Total : dépense, 150 francs. — Produit brut : 5 400 kilogrammes à 0 fr. 25 sur place, soit 1 350 francs. — Bénéfice net par homme et par saison, 1 200 francs.

On voit que le caoutchouc est un peu moins rémunérateur que le cacao et la noix du Brésil.

Le travail des demi-civilisés de Counani et de l'Amazonie est encore plus rémunérateur, car si on le paye le double et si on nourrit mieux les travailleurs, ceux-ci fournissent une somme de travail beaucoup plus considérable. Malheureusement, il n'y a plus guère aujourd'hui de ces travailleurs disponibles sur les marchés amazoniens et counaniens.

Mais, demandera-t-on, ces produits forestiers sont-ils abondants à Counani? Il suffit de répondre que le caoutchouc vit en famille à quelques heures au-dessus du village; que la salsepareille et la noix du Brésil abondent partout dans le grand bois; que d'immenses forêts de carapa bordent les rives du fleuve Cachipour, et qu'enfin le cacao...

Mais le cacao mérite une mention spéciale. Sans parler du cacaoyer sylvestre, qui se trouve un peu partout dans les hautes terres, nous avons à Counani le cacao cultivé.

A un jour de canotage au-dessus de la capitale, sur la rive droite du fleuve, longeant la rive pendant 4 kilomètres et sur un kilomètre de profondeur, se trouve une des plus vastes cacaoyères du bassin de l'Amazone.

Cette cacaoyère, la cacaoyère de Counani, a été plantée par les jésuites en 1780. Elle compte plusieurs milliers de pieds de cacaoyers. Actuellement elle est propriété communale, ou plutôt terrain vague, *res nullius,*

Les Counaniens y vont charger de fruits leurs goélettes. Ils les cueillent parfois même verts pour manger la pulpe qui est sucrée et rafraîchissante. Ils récoltent les fruits mûrs pour en extraire le chocolat nécessaire à leur consommation.

En somme, les trois quarts au moins de la production se perdent, et cependant ce qui est ainsi mangé vert, gâté, gaspillé, utilisé ou exporté, ne présente pas une valeur inférieure à 25 000 francs par an.

A propos de la cacaoyère de Counani, il faut remarquer plusieurs choses :

D'abord, bien qu'elle produise pour environ 100 000 francs par an, cette production ne représente pas le quart de celle dont sera susceptible la cacaoyère quand elle sera un peu élaguée, entretenue, débarrassée des grands arbres qui l'encombrent en trop grand nombre.

Ensuite, pour centenaire qu'elle soit, la cacaoyère n'est pas fatiguée. Pour peu qu'on l'entretienne, un cacaoyer vit plusieurs siècles. Les quatre ou cinq grandes cacaoyères de l'Amazone, lesquelles fournissent ensemble pour environ dix millions de fruits par an, celle du *Cacoal-Grande*, du *Cacoal-Real*, près d'Obidos, celle du *Bas-Amazone* et celle de *Solimoes*, sont toutes séculaires. Le Cacoal-Real date de 1680.

Enfin, avoir une cacaoyère constitue un monopole naturel pour l'exploitation en grand du cacao.

En effet, on n'improvise pas une cacaoyère. On n'en peut créer une que dans les régions où il y en a déjà. La semence du cacao, telle qu'on l'expédie pour être convertie en chocolat, ne peut pas germer. Pour produire, elle doit être plantée fraîche. De plus, le fruit qui contient cette semence ne peut se conserver qu'un nombre limité de jours, ce qui ne lui permet pas d'être transporté à de grandes distances.

D'où nous concluons que Counani pourra être, quand on voudra, un des plus grands centres de production du cacao et un des premiers entre ses pairs, car la cacaoyère de Counani est une des plus importantes qui soient en Amérique.

Ceci soit dit sans insister, car ainsi que nous l'avons vu, Counani a d'autres ressources que son cacao.

L'obtention de toute faveur, tout privilège, toute concession, toute ferme, toute majoration des premiers arrivants étant absolument certaine, les capitaines actuels, le nouveau président de la République et toute la population sont disposés à consentir à tout pour attirer les Français en Counani. Pouvons-nous prévoir les bénéfices à réaliser?

Le budget des dépenses comprendrait la création d'un service de petits vapeurs côtiers, reliant Counani, d'une façon régulière, à Cayenne d'une part et de l'autre à Para, le grand port amazonien.

Un autre service régulier pourrait être établi entre Counani et l'Europe au moyen d'un bateau à vapeur faisant l'échange des produits et des marchandises.

Ce budget comprendrait en outre les dépenses d'administration proprement dites et les dépenses d'exploitation. Pour le budget *dépenses*, il n'y a pas de chiffre à donner. Cela dépendra évidemment du plus ou moins d'habileté et d'activité déployé par le nouveau gouvernement.

Pour ce qui est du budget *recettes*, il faudrait le prévoir à peu près nul pour la première année. Pour la deuxième année, on peut prévoir un minimum de recette brute. Comment qu'on s'y prenne, on n'aura pas, pendant les douze premiers mois, glané dans la contrée, tant en demi-civilisés qu'en Indiens, moins de 500 travailleurs. Ces 500 travailleurs représentent un revenu brut d'environ 600 000 francs, d'après la cote de l'Amazonie.

Pendant la troisième année, on aurait certainement 1 000 travailleurs travaillant au moins pendant une saison. Le revenu que l'on déduit aisément et qui est fort respectable, ne peut pas manquer d'augmenter fatalement dans une proportion rapide. En effet, on n'aura plus les frais et les peines de premier établissement ; on aura un personnel en même temps adapté et dressé; on pourra consacrer la meilleure partie des efforts de l'entreprise à augmenter l'importance du courant de main-d'œuvre indigène et si la rapide progression de revenus n'arrive pas à s'améliorer d'une manière indéfinie, ce n'est point parce que les produits forestiers et autres feront défaut à l'exploitation, mais parce que la main-d'œuvre, beaucoup plus limitée en quantité, ne pourra suffire à la récolte de tous les produits.

Nous aurons terminé cette étude sur la Guyane française et sur la Guyane indépendante, en disant qu'au moment même où nous écrivons ces lignes, M. Guigues, à Counani, des personnages haut placés dans le monde des arts et dans celui des finances, à Paris, et l'auteur de ce livre réunissent et combinent tous leurs efforts pour fonder, d'une part, la république counanienne, et, d'une autre, pour former une société financière disposée à aller recueillir les richesses infinies de cet admirable pays.

TABLE DES GRAVURES

TABLE DES MATIÈRES

Paris. — Imp. Alcide PICARD, 192, rue de Tolbiac. — 9.1909. B. S.D.

www.ingramcontent.com/pod-product-compliance
Lightning Source LLC
Chambersburg PA
CBHW070558100426

42744CB00006B/335